일제 강점기 최초의 여성 의병장
윤희순

역사의 책갈피에 숨어 있는 옛 여성들의 이야기,
여성 인물 도서관에서 꺼내 읽어 보세요.

• 일러두기
- 의병은 일제 강점기 이전에, 나라를 지키기 위해 백성들이 자발적으로 만든 군대를 뜻합니다. 그러므로 윤희순도 일제 강점기에는 독립운동가라고 설명하는 게 맞으나, 의병으로 활동을 시작해 독립운동을 이어 갔다는 점이 더 큰 의미를 담기에 이 책에서는 '일제 강점기 최초의 여성 의병장'이라고 표현했습니다.

일제 강점기 최초의 여성 의병장

윤희순

이진미 글 | 달상 그림

 차례

인물 소개	6
인물 관계도와 연표	8

군자의 마음을 가진 아이   10

노래는 힘이 세다   19

불길을 잡은 대장부 새댁   27

왜놈 대장 보거라   38

〈안사람 의병가〉로 마음을 모아   48

우리는 안사람 의병대다   59

다시는 떠올리고 싶지 않은 순간　　　　　　　　69

고향을 떠나 중국으로　　　　　　　　　　　　79

천 번을 넘어지면 만 번을 일어서리라　　　　　87

중국 땅에 울려 퍼진 대한 독립 만세　　　　　98

가족 부대를 이끄는 할머니　　　　　　　　　107

붉은 해가 꽃처럼 피어오르리　　　　　　　　118

그때 그 사건　#항일_의병_운동 #삼일_운동　　128
인물 키워드　#의병장 #독립운동가　　　　　　130
그때 그 사람들　#일제_강점기_여성_항일_운동　134

인물 소개

윤희순(1860~1935)

조선 궁궐에서 일본인들이 중전을 해친 뒤, 곧 의병들이 봉기한다는 소식을 들은 희순. 의병이 되고 싶었지만 집안을 돌봐야 해서 나서지 못한 희순은 의병 활동을 도울 방법을 떠올리는데…….

"아무리 왜놈들 힘이 강성해도 우리가 뭉치면 이기지 못할 리 없습니다."

조선에 쳐들어오려는 일본에 맞서 항일 의병 운동이 일어나던 시기, 의병들을 격려하고 사람들의 마음을 하나로 모으기 위해 의병가를 지었던 지혜로운 조선인, 사람들이 주저할 때 먼저 나서서 의병들에게 음식과 응원을 건넸던 의로운 여인, 나라 구하는 데는 남녀의 구별이 없다며 여자들을 설득해 의병대를 만들었던 용감한 의병장.

의병가를 만들어 의병들의 사기를 북돋우고 안사람 의병대를 만들어 항일 의병 운동에 힘썼던 일제 강점기 최초의 여성 의병장, 윤희순의 삶을 들여다보자.

인물 관계도와 연표

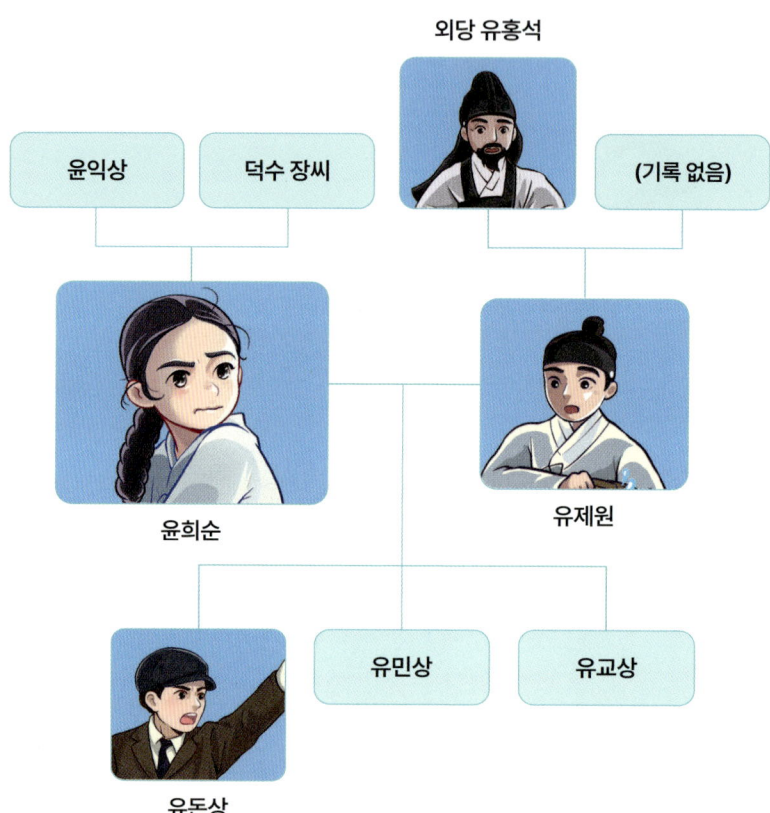

1860년 3월	윤익상과 덕수 장씨 사이에서 태어남.
1876년	유제원과 혼인함.
1894년 9월	맏아들 유돈상이 태어남.
1896년	의병가를 지음.
1907년	안사람 의병대를 만들어 군자금을 모으고 탄약 제조소를 운영하며 군사 훈련을 함.
1911년 4월	시아버지와 남편을 따라 세 아들과 함께 중국으로 망명함.
1912년	벼농사를 지으며 군자금을 모으고 환인현에 노학당을 만들어서 독립운동가를 길러 냄.
1913년 12월	시아버지 유홍석이 세상을 떠남.
1915년 10월	유제원이 세상을 떠남.
1926년	무순에서 조선독립단(대한독립단) 가족 부대를 만들고 조선독립단 학교를 세움.
1935년 7월	유돈상이 세상을 떠남.
1935년 8월	세상을 떠남.

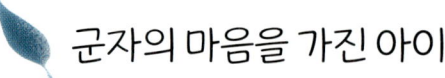 군자의 마음을 가진 아이

"생선 사세요! 맛 좋은 대구 있습니다!"
"고급 비단 보고 가세요. 새로 옷 한 벌 안 지으시렵니까?"
"뜨끈한 팥죽 한 사발 뜨고 가세요. 둘이 먹다가 하나가 죽어도 모르는 맛이랍니다."

생선 장수와 옷감 장수가 경쟁하듯 목청을 높이고, 양쪽으로 늘어선 좌판에는 팥죽이며 국수에 전까지 먹을거리가 널려 있었다. 여덟 살 희순은 저도 모르게 눈이 휘둥그레져서 사방을 두리번거리기 바빴다. 집을 나설 때는 아버지의 당부대로 양반집 아가씨답게 얌전히 눈을 내리깔고 목적지인 약재상을 향해 똑바로 가야 한다고 단단히 다짐했다. 하지만 시끌벅적한 장터에 발을 내디딘 순간부터는 북적이는 사람들이며 구경거리까지 눈길을 잡아끄는 것 천지였다. 희순의 머릿속에서 아버지의 당부나 다짐 따위는 저 멀리 날아가 버리고 말았다.

희순의 어머니는 몇 년째 시름시름 앓고 있었다. 희순에게는 새어머니였으나 태어난 지 이레 만에 친어머니를 잃은 희순을 친딸처럼 키워 준 분이었다. 그런 어머니가 요즘은 날이 갈수록 기력이 더욱 쇠하는 듯하여 희순은 걱정이 이만저만이 아니었다. 장이 서는 날 어머니의 약재를 사러 가는 일은 희순네 가족에게 빼놓을 수 없는 일이었다. 하지만 아버지는 오늘 귀한 손님을 기다리고 있어 집을 비울 수 없었다. 희순은 혼자라도 장에 가겠다고 나섰다.

"염려 마십시오. 이미 몇 번이나 아버지와 함께 약재상에 다녀오지 않았습니까?"

희순이 야무지게 말했다. 희순의 아버지는 희순을 혼자 장터에 보내는 것이 영 마뜩잖았지만 어쩔 도리가 없었다.

"사람 많은 곳에서는 항상 조심해야 한다. 다른 곳에는 일절 가지 말고, 약재상에만 들렀다가 곧바로 집으로 돌아와야 한다."

희순의 아버지는 신신당부하고 희순을 장터로 보냈다. 하지만 희순은 어느새 아버지의 당부를 까맣게 잊고 때깔 고운 과일이며 바다 건너왔다는 장신구들을 구경하느라 정신이 팔려 있었다.

"저리들 비켜라! 도련님 지나가신다."

고약한 인상의 행랑아범* 하나가 사납게 외치며 긴 부채를 펼쳐 사람들에게 휘휘 휘둘렀다. 그 뒤를 따라 잘 차려입은 어린 도령이 한껏 거드름을 피우며 뒷짐을 지고 걸어왔다.

"에잇, 저리들 가래도!"

행랑아범은 더러운 오물을 치우듯 함부로 부채를 휘두르며 사람들을 떠밀었다. 그 바람에 허리가 새우등처럼 굽은 노파는 뒷걸음치다 땅바닥에 그만 주저앉고 말았다.

"아이고."

"저런, 괜찮으시오?"

희순은 놀라서 얼른 노파를 부축해 일으켜 주었다. 노파는 마른 나뭇가지처럼 딱딱한 손으로 희순의 작고 보드라운 손을 연신 쓰다듬었다.

"아이고. 고맙습니다, 아씨."

* **행랑(行廊)아범** : 남의 집 대문간에 붙어 있는 방인 행랑에 살면서 대가로 그 집의 심부름이나 궂은일을 해 주는 나이 든 남자 하인

"쳇, 무슨 임금님 행차라도 되나."

부채에 얻어맞은 행인이 혼잣말로 투덜거렸을 뿐, 다들 말없이 길을 비켜 주었다. 꼬마 도령의 잘 차려입은 옷매무새나 거들먹거리는 태도를 보아 하니 행세깨나 하는 집안이 틀림없어 보였기 때문이었다. 하지만 희순은 도령과 행랑아범이 영 못마땅했다. 희순은 입을 앙다물고 눈을 가늘게 뜬 채 그들의 뒷모습을 노려보았다.

도령이 들깨를 쌓아 놓고 파는 좌판 옆을 지날 때였다. 어디선가 주먹만 한 강아지 한 마리가 꼬리를 살랑거리며 뛰어왔다. 도령의 다리에 강아지 꼬리가 살짝 스쳤을 뿐인데 도령은 강아지에게 물리기라도 한 것처럼 꽥꽥 소리를 지르며 날뛰었다. 저 혼자 요란을 떨다가 급기야는 들깨 좌판 앞으로 꽈당 엎어져 버렸다. 그 바람에 들깻가루가 사방으로 날려 순식간에 좌판은 아수라장이 되고 말았다. 날벼락을 맞은 건 들깨 팔던 아낙인데, 얼굴에 온통 허연 들깻가루 범벅을 한 도령은 되레 큰소리였다.

"이게 뭐야!"

도령은 씩씩거리다가 저 혼자 법석을 떤 것이 무안한지 공연히 들깨 좌판 옆에 앉아 있는 아낙의 어린 아들을 물고 늘어졌다.

"쟤 때문이야. 나한테 갑자기 달려들었다고."

서너 살이나 먹었을까. 졸지에 도령에게 손가락질당한 아이는 영문을 몰라 눈이 동전만 해졌다.

"예? 아니, 이 아이는 아무 짓도 안 했습니다요."

들깨 장수 아낙이 당황해서 손을 내저었다. 하지만 행랑아범은 옳다구나 하며 눈에 쌍심지를 켜고 달려들었다.

"그럼 우리 도련님이 공연히 들깨를 뒤집어썼단 말이냐?"

행랑아범은 호들갑스럽게 도령의 비단옷에 묻은 들깻가루를 털어 냈다.

"아니, 이게 얼마나 값비싼 비단으로 지은 옷인데! 옷을 다 버렸네, 버렸어."

행랑아범은 들깨 장수 아낙을 무섭게 노려

봤다.

"당장 옷값을 물어내지 못하겠느냐!"

"네에? 아니 그게 무슨……."

막무가내로 우기는 행랑아범의 말에 아낙은 그만 울상이 되었다. 아무리 아니라고 해도 소용없었다. 구경꾼은 잔뜩 있었지만 누구 하나 아낙의 편을 들어 주지 않았다. 아낙의 아들은 겁에 질려 울음을 터뜨렸다. 그때 어른들 틈을 비집고 희순이 썩 나섰다.

"그 아이는 잘못이 없어요. 범인은 바로 저 녀석입니다."

희순이 가리킨 강아지가 해맑게 혀를 빼물고 폴짝거렸다. 도령은 순간 얼굴이 붉어졌고 행랑아범도 잠시 당황하는 듯했다. 그 틈을 놓치지 않고 희순이 쏘아붙였다.

"들깨를 모두 못 쓰게 만들어 버렸으니, 값을 물어 주어야 할 사람은 들깨 장수가 아니라 바로 도련님이지요."

구경꾼들이 웅성거리기 시작했다. 행랑아범과 도령의 눈치를 보느라 대놓고 말은 못 했지만 고개를 크게 끄덕이는 사람들도 눈에 띄었다. 도령의 얼굴이 붉으락푸르락했다. 행랑아범은 희순을 괘씸한 눈초리로 쏘아보다가 도령을 데리고 허둥지둥 자리를 떴다.

"어? 어!"

희순은 애가 달아 주위를 돌아보다가 점잖아 보이는 선비와 눈이 딱 마주쳤다. 희순은 용기를 내어 선비에게 다가갔다.

"선비님, 저들이 들깻값도 물어내지 않고 도망치려 합니다. 선비님께서 제값을 받아 내 주세요."

선비의 얼굴에 장난스러운 미소가 떠올랐다. 선비는 한 손으로 수염을 쓰다듬으며 물었다.

"내가 왜 나서야 하느냐? 저 들깨는 내 것도 아닌데 말이다."

희순은 잠시도 망설이지 않고 대답했다.

"저는 말입니다, 나쁜 사람을 보면 뱃속이 막 부글부글 끓어오르면서 당장이라도 혼쭐을 내 주고 싶어요. 또 불쌍한 이를 보면 가슴이 너무 아파서 막 도와주고 싶어집니다. 선비님은 그렇지 않으십니까?"

선비가 너털웃음을 터뜨렸다.

"허허, 네 말을 들으니 가만있을 수 없구나."

그러고는 성큼성큼 걸어가 도망치는 행랑아범을 불러 세웠다. 선비의 근엄한 기세에 눌린 행랑아범은 울며 겨자 먹기로 들깻값을 물어 주지 않을 수 없었다. 들깨 장수 아낙은 눈물을 글썽이며 절을 했다.

"고맙습니다, 선비님. 참말로 고맙습니다, 아씨."

아낙의 어린 아들도 엄마의 치맛자락 뒤에 숨어 배시시 웃었다. 그 모습에 희순은 뿌듯함이 차올랐다. 희순도 선비에게 예의를 갖추어 인사했다.

"도와주셔서 정말 감사합니다."

"나쁜 사람을 보면 혼내 주고 싶고, 불쌍한 이를 보면 도와주고 싶은 마음이 절로 든다 하였느냐?"

희순이 눈을 동그랗게 뜨고 고개를 끄덕였다. 선비가 빙그레 웃으며 말했다.

"그것이 바로 군자의 마음이다."

선비의 말에 희순은 금세 시무룩해졌다.

"하지만 저는 여자인걸요. 사내로 태어나야 군자가 될 수 있는 것 아닙니까?"

선비는 고개를 저으며 단호하게 말했다.

"아까 그놈들을 보아라. 사내라고 하여 모두 군자가 되는 것은 아니지 않느냐. 같은 이치로 군자의 마음을 알고 군자의 도리를 행한다면 여자라 하여 어찌 군자가 아니라 하겠느냐."

희순의 얼굴이 봄날 햇살만큼 환해졌다. 선비의 말은 가문 땅에 내리는 봄비처럼 희순의 마음에 깊이 스며들었다.

노래는 힘이 세다

약재상을 나온 희순은 집으로 발길을 재촉했다. 기다리고 있을 부모님을 생각하니 시간을 너무 지체한 것이 죄송했다. 집이 가까워질수록 마음이 급해져 희순은 거의 뛰다시피 집으로 들어갔다.

희순의 아버지가 머무는 사랑* 앞에 낯선 어른의 갖신*이 놓여 있었다. 기다리던 손님이 온 모양이었다. 희순은 숨을 고르고 문 앞에서 공손히 인사했다.

"장에 다녀왔습니다!"

* **사랑(舍廊)** : 집의 안채와 떨어져 있는, 바깥주인이 거처하며 손님을 접대하는 곳
* **갖신** : 가죽으로 만든 우리 고유의 신을 통틀어 이르는 말

"희순이 왔느냐?"

사랑문이 열렸다. 희순은 그만 눈이 휘둥그레졌다. 조금 전 장에서 만난 선비가 아버지와 마주 앉아 있었다. 그는 희순의 아버지와 같은 스승 밑에서 함께 공부한 외당 유홍석이었다.

"어? 선비님!"

"아니, 너는?"

외당은 아까처럼 너털웃음을 터뜨리며 희순의 아버지에게 장에서 있었던 일을 이야기했다.

"그런데 저 아이가 바로 이 댁 여식이었군요!"

"그런 일이 있었군요. 약재상만 들렀다가 곧바로 돌아오라고 그렇게 일렀는데."

아버지의 엄한 눈길에 희순은 어깨를 잔뜩 움츠렸다. 금방이라도 꾸지람이 날아올 것 같았다.

"너무 나무라지 마십시오. 이 댁 여식은 군자가 될 아이입니다. 허허."

외당의 말에 희순은 쪼그라들었던 가슴이 확 펴지는 기분이었다. 희순의 아버지는 혀를 찼지만 입가에 미소가 깃드는 것은 숨기지 못했다. 희순은 으쓱해져서 인사를 하고 방에서 물러 나왔다.

희순 또래의 다른 양반집 아가씨들은 아직 부모님 곁에서 어리광을 부리겠지만 희순은 할 일이 많았다. 아버지 윤익상은 학문을 닦는 데에만 관심을 두었고 희순의 어머니는 몇 년째 앓아누워 있으니 집안을 돌보는 일은 자연히 맏딸인 희순의 몫이었다.

희순은 숯불을 피워 탕약기를 올리고 부채질을 하며 정성스럽게 약을 달였다. 어머니에게 약을 드리고 나서는 숨을 돌릴 겨를도 없이 대청마루를 닦았다. 이마에 송글송글 맺힌 땀을 닦으며 걸레질을 하다가 희순은 저도 모르게 노래를 흥얼거리기 시작했다.

"에 에헤 에야 얼럴럴거리고 방아로다. 조선 여덟 도 유명한 돌은 경복궁 짓는 데 주춧돌감이로다."

노래를 부르니 신기하게도 팔에 힘이 절로 들어가고 걸레질에도 속도가 붙었다. 희순은 신이 나서 목청을 더욱 높였다.

"경복궁 역사•가 언제나 끝나 그리던 가속•을 만나나 볼까. 에 에헤 에야 얼럴럴거리고 방아로다."

"무슨 노래를 그리 흥겹게 부르느냐."

희순은 깜짝 놀라 그만 걸레를 떨어트렸다. 어느새 가까이 다가

• **역사(役事)**: 토목이나 건축 등의 공사
• **가속(家屬)**: 한집안에 딸린 구성원

온 외당을 보고 희순은 아차 싶었다.
'집안일을 할 때도 늘 양반 집 아가씨답게 몸가짐을 조심스럽고 얌전히 하거라.'
어머니의 당부가 그제야 머릿속을 스치고 지나갔다. 군자가 될 아이라고 치켜세워 준 손님 앞에서 그만 경망스러운 행동을 보이고 말았다. 하지만 희순은 외당의 미소 짓는 얼굴을 보고는 용기를 내어 대답했다.

"경복궁을 고쳐 짓는 곳에서 일하는 이들이 부르는 노래라 들었습니다. 요즘은 가는 곳마다 이 노래가 들립니다."

"그 노래의 뜻을 알고 부르느냐."

희순은 잠시 생각하다가 말했다.

"공사장에서 일하는 이들의 마음이 담겨 있는 것 같습니다."

"흠, 네가 보기에는 그들의 마음이 어떤 것 같으냐?"

"불만이 아주아주 많은 것 같습니다. 조선 팔도에서 유명한 돌은 몽땅 가져다가 경복궁 짓는 데 쓴다고 조롱하는 걸 보면요."

"허허, 제법이구나."

"또 고된 일을 어서 끝내고 집으로 돌아가 가족을 만나고 싶은 마음도 들어 있습니다. 공사가 생각보다 길어져서 몹시 힘든 모양입니다."

"그래, 노래에 담긴 사람들의 마음을 잘 헤아리고 있구나."

외당은 어린 희순과의 대화가 제법 즐거운 듯 계속 물었다.

"그런데 일만 하기에도 고된 사람들이 왜 애써 노래까지 부르는 줄 아느냐?"

희순은 얼굴이 환해지며 외쳤다.

"그건 제가 잘 압니다!"

희순은 마루를 훔치던 걸레를 들어 보이

며 자신 있게 말했다.

"이 걸레질을 할 때도 말입니다, 노래를 부르면서 하면 저도 모르게 흥겨워져서 힘든 줄도 모르고 하게 됩니다. 신나게 노래를 부르다 보면 대청마루가 어느새 반짝거리는걸요."

"네 말이 옳다. 그러고 보니 노래는 아주 힘이 세구나."

"네? 그게 무슨 말씀이십니까?"

"노래는 뭇사람의 마음을 하나로 모으는 힘이 있다는 뜻이란다. 함께 노래를 부르며 지치고 힘든 마음을 서로 위로하고, 위로받는 게지."

희순은 외당의 말을 조용히 곱씹어 보았다. 흥이 많아 노래를 좋아하는 희순은 노래가 힘이 세다는 말이 마음에 쏙 들었다.

뒤에서 지켜보고 있던 희순의 아버지가 다가왔다.

"도성 안 백성들 원성이 하늘을 찌를 듯합니다. 가뜩이나 어려운 형편에 농사도 못 짓고 공사에 끌려 나와 몇 년째 일하고 있으니 오죽하겠습니까."

"주요 건물들이야 이미 작년에 완공되었고 왕실의 이어•를 마쳤는데도 성문에서 종각, 종묘, 왕실의 무덤까지 공사가 끝날 줄 모르

• 이어(移御) : 임금이 거처하는 곳을 옮김.

고 이어지니 지칠 수밖에요."

"모자라는 경비를 충당하겠다고 걷는 원납전이 원해서 내는 돈이 아니라 원통하게 내는 돈이라는 말까지 돌 정도입니다."

외당은 혀를 찼다.

"왕실의 권위가 어찌 호화로운 궁궐에서 나온다고 생각하는 것인지. 참으로 답답한 노릇이지요."

희순은 어른들의 이야기를 하나도 놓치지 않겠다는 듯 귀를 활짝 열고 있었다. 희순의 야무진 눈매를 찬찬히 바라보던 외당이 문득 물었다.

"어려운 시기에 백성들이 왕실을 믿고 따르게 하려면 어찌해야 하겠느냐?"

외당은 곤란한 질문을 던져 놓고 어린 희순이 어찌 대답할지 사뭇 기대에 찬 얼굴이었다. 희순은 곰곰이 생각하다가 입을 열었다.

"왕실은 백성들에게 부모나 다름없다고 배웠습니다. 아버지께서는 항상 지극정성으로 저를 돌보시고 가르치십니다. 그러니 제가 어찌 아버지를 존경하고 의지하는 마음을 갖지 않겠습니까. 왕실과 백성도 그와 마찬가지입니다. 왕실이 백성을 지키려고 애를 쓰면 백성들은 왕실을 믿고 따르는 마음이 절로 우러나올 것입니다."

외당이 무릎을 치며 탄식했다.

"나라를 다스리는 자들이 한낱 어린애보다 못하구나. 강화 앞바다에 법국(프랑스) 함대가 나타나 문호˙를 개방하라고 한바탕 난리를 치른 게 불과 얼마 전인데. 백성의 마음을 하나로 모아 나라를 지키는 데 힘써야 할 왕실에서 도리어 백성이 등 돌릴 일만 벌이니 답답할 수밖에."

외당은 어리지만 당당하고 생각이 깊은 희순이 마음에 쏙 들었다. 외당은 옷매무새를 고치고 진지한 얼굴로 희순의 아버지에게 말했다.

"제가 오늘 이 댁에 들른 것은 하늘의 뜻인 듯합니다. 제게 아들이 하나 있는데 꼭 이 댁 여식과 짝을 지어 주고 싶습니다. 조만간 정식으로 혼담을 넣을 테니 다른 집안과 먼저 혼사를 맺으시면 절대 안 됩니다."

"허허, 이제 겨우 여덟 살밖에 안 된 아이를 두고 혼사라니요."

어른들 앞에서도 거리낌 없이 제 의견을 말하던 희순이었지만 난데없는 혼사 이야기에는 그만 발갛게 볼이 물들고 말았다.

˙ 문호(門戶) : 외부와 교류하기 위한 통로나 수단을 비유적으로 이르는 말

불길을 잡은 대장부 새댁

"신부 참 곱다!"

"신랑도 아주 훤하구먼."

"선남선녀야. 하늘이 맺어 주신 배필일세."

희순의 집 앞마당에 차려진 초례상˙ 위에는 나무로 솜씨 좋게 깎은 기러기 한 쌍이 놓여 있었다. 양 볼에 붉은 연지 곤지를 찍고 족두리˙와 활옷˙으로 단장한 신부 희순은 초례상을 사이에 두고 마주

- **초례상(醮禮床)** : 전통적으로 치르는 혼례식인 초례 때 베풀어 놓는 큰상
- **족두리** : 여자들이 예복을 입을 때 머리에 얹던 관의 한 종류
- **활옷** : 전통 혼례 때 새색시가 입는 예복

선 신랑을 곁눈질로 살폈다. 외당을 꼭 빼닮은 인자하고 선량해 보이는 눈매가 우선 마음에 들었다. 사모•를 쓰고 푸른 관복•을 늠름하게 차려입은 신랑은 몇 년 전 어린 희순을 며느리로 점찍었던 외당의 아들 유제원이었다.

"신랑, 신부 맞절하시오!"

신부 희순이 먼저 신랑을 향해 곱게 두 번 절을 올렸다. 이어서 신랑 제원도 희순을 향해 절을 올렸다.

"시집가는 곳이 춘천이라지?"

"곱게 자란 아가씨가 어째 강원도 산골까지 시집을 가게 되었대?"

"양가 부친이 같은 스승 아래서 공부하신 글벗이래요. 대쪽 같은 선비 집안끼리 혼사를 맺는 거죠."

"정말 잘 어울리는 한 쌍이네."

사람들이 수군거리는 소리가 마당을 가득 메운 가운데 떠들썩한 혼례식이 끝났다. 신행을 떠나기 전, 희순은 신랑과 함께 아버지에

- **사모(紗帽)** : 고려 말기에서 조선 시대에 걸쳐 벼슬아치들이 관복을 입을 때 쓰던 모자로, 흔히 전통 혼례식에서 신랑이 씀.
- **관복(官服)** : 옛날 벼슬아치들의 제복으로, 전통 혼례식에서 신랑이 입음.

게 인사를 드렸다. 시집가는 것을 다른 말로 출가˙라고 표현하는 이유를 희순은 잘 알고 있었다. 이제 여느 집 딸들처럼 희순 역시 그동안 자란 집과 낳아 주신 부모를 떠나 남편 가족의 한 사람이 되는 것이었다. 희순은 차마 고개를 들어 아버지의 얼굴을 바라보지 못했다. 아버지와 눈을 맞추면 눈물을 쏟을 것 같아서였다.

"조심히 잘 가거라."

믿고 의지하던 장한 맏딸을 떠나보내는 희순의 아버지도 이내 눈가가 촉촉해졌다.

희순은 가마에 올라 작은 창 너머로 점점 작아지는 집을 바라보았다. 어젯밤 희순을 가까이 불러 앉혀 놓고 아버지가 했던 말이 떠올랐다.

"네 어미를 일찍 여의고 아비 혼자 널 키우느라 부족한 점이 많았다. 그래도 잘 자라 주어 고맙구나."

평소에는 무뚝뚝하던 아버지가 처음 꺼내 놓는 깊은 속내에 희순은 울컥했다.

"너도 알다시피 세상이 퍽 시끄럽다. 얼마 전에는 미국에 이어 일본까지 군함을 보내 강화도를 침략하지 않았느냐. 여자라고 해서

˙ **출가(出嫁)** : 처녀가 시집을 간다는 뜻으로, 집을 떠난다는 뜻의 출가(出家)와 발음이 같음.

예전처럼 집안만 잘 돌보면 되는 세상이 아닌 것 같구나. 아비는 네가 딸이지만 사내들보다 못하다고 생각한 적이 단 한 번도 없다. 너는 어릴 때부터 총명하고 누구보다 용감한 아이였다. 네 시아버님이 되신 외당 어른은 나라의 어려움을 외면하실 분이 아니니 필요한 때가 닥치면 반드시 일어서실 것이다. 그때 네가 외당 어른께 힘이 되어 다오. 아비는 널 믿는다."

희순은 눈물을 삼키며 아버지의 말씀과 함께 정든 마을의 풍경을 가슴에 담았다.

캄캄한 한밤중이 되어서야 일행은 강원도 춘천 남면 발산리 항골(황골)에 있는 유제원의 집에 도착했다.

"먼 길 오느라 애썼다."

외당이 반갑게 신혼부부를 맞아 주었다. 희순은 몇 년 만에 다시 외당을 만난 반가움에 여독이 싹 사라지는 기분이었다. 군자가 될 아이라고 했던 덕담을 희순은 여태 잊지 않고 있었다.

"고단할 텐데 일찍 들어가 쉬거라."

신방● 앞은 어둠을 밝히려고 초롱●을 든 이웃과 친척들로 북적였

● **신방(新房)** : 신랑, 신부가 거처하도록 새로 꾸민 방
● **초롱(籠)** : 촛불이 바람에 꺼지지 않도록 겉에 천 등을 씌운 등

다. 그중에는 등잔대에 받친 호롱불이나 작은 횃불을 들고 온 이도 있었다. 손가락에 침을 발라 문을 바른 종이에 구멍을 내고 신랑, 신부의 첫날밤을 훔쳐보는 것은 어느 마을에나 있는 흔한 풍습이었다.

　희순은 신방에 앉아서야 처음으로 남편 유제원의 얼굴을 자세히 바라볼 수 있었다. 제원도 신부가 된 희순을 찬찬히 바라보았다.

　"아버지께서 어느 날, '장래 네 처가 될 아이를 보고 왔다.' 하시

더이다. 아주 당차고 현명한 처자라고. 그때부터 당신이 몹시 궁금했었소."

"직접 보시니 어떻습니까?"

희순은 질문을 툭 던져 놓고는 내심 떨렸다. 생각과 달라 실망했다고 하면 어쩌나 하는 걱정이 설핏 들었다. 하지만 곧이어 배짱이 생겼다.

'벌써 혼인한걸. 실망한들 별수 없지.'

제원은 희순의 마음을 읽기라도 한 듯 빙그레 웃었다.

"상상한 것보다 훨씬 곱습니다."

예상치 못한 제원의 말에 희순의 두 뺨은 잘 익은 복숭아 빛깔로 물들었다. 제원이 희순의 손을 잡으며 말했다.

"당신에게 좋은 지아비가 되기 위해 노력하겠소."

"저도 부끄럽지 않은 지어미가 되기 위해 노력하겠습니다."

희순도 제원의 두 손을 굳게 맞잡으며 미소 지었다.

문밖으로 불빛이 어른거렸다. 사람들이 웅성거리는 소리도 여전히 들렸다. 희순은 먼 여정에 지쳐 몹시 고단했지만 잠자리가 낯선 탓인지 쉬 잠이 오지 않았다. 옆에 누운 제원은 깊은 잠에 빠져 있었다. 남편의 고른 숨소리를 들으며 누워 있자니 새삼 혼인했다는 사실이 실감 났다.

'앞으로 내 삶에는 어떤 길이 펼쳐질까?'

희순은 알 수 없는 미래를 상상하며 설레었다. 그러다가 문득 이상한 냄새를 느끼고 이마를 찡그렸다.

'이게 무슨 냄새지?'

분명 지푸라기 타는 냄새였다. 희순은 자리에서 벌떡 일어났다. 서둘러 옷을 꿰어 입으며 곤히 잠든 제원을 흔들어 깨웠다.

"서방님, 일어나세요. 불이 난 것 같아요."

"부, 불이요?"

두 사람은 허둥지둥 방을 빠져나왔다. 매캐한 연기가 코를 찔렀다. 아니나 다를까, 초가지붕 한쪽에서 시뻘건 불길이 치솟아 오르고 있었다. 갓 시집온 새댁을 구경한다고 동네 아낙들이 관솔불●을 들고 있다가 그만 초가 처마 끝에 불이 붙은 것이었다. 희순이 사랑으로 뛰어가며 소리쳤다.

"아버님! 불이에요! 어서 피하세요!"

사랑문이 벌컥 열리고 외당이 황급히 나왔다. 새 신부를 맞이하러 와 있던 친척들도 놀라서 뛰쳐나왔다. 하지만 다들 뜻밖의 사건

● 관솔불 : 송진이 많이 엉긴, 소나무의 가지나 옹이인 관솔에 붙인 불

에 놀라 어쩔 줄 모르고 우왕좌왕할 뿐이었다. 희순이 사람들에게 외쳤다.

"가까운 우물이 어디 있죠? 빨리 물을 길어 옵시다!"

희순의 말에 정신을 차린 사람들은 저마다 바가지며 두레박을 찾아 들고 분주하게 움직였다. 외당이 희순을 말렸다.

"아가, 위험하니 너는 다른 여자들과 함께 저쪽 보리밭으로 몸을 피하거라."

남편 제원도 나섰다.

"그러세요, 부인. 불 끄는 건 남자들이 하겠소."

하지만 희순은 발끈했다.

"불길이 더 거세지기 전에 잡아야지요. 한시가 급한 마당에 남자, 여자 가릴 틈이 어디 있어요. 손 하나라도 더 보태야지요."

제원은 두레박을 들고 불길로 뛰어드는 희순을 더는 말리지 못했다.

어느덧 캄캄한 어둠이 물러가고 먼동이 트고 있었다. 희순의 말대로 남녀 할 것 없이 다 같이 뛰어다니며 노력한 끝에 겨우 불길을 잡을 수 있었다. 제원이 거뭇해진 희순의 손을 잡으며 안쓰러운 얼굴로 말했다.

"괜찮소, 부인? 고운 새색시 얼굴에 온통 검은 그을음이 내려앉았네요."

"저는 괜찮습니다."

희순이 민망한 듯 옷소매로 얼굴을 쓱쓱 문질러 닦았다. 그러고는 외당에게 가서 고개를 숙였다.

"아까는 급한 마음에 아버님 말씀을 따르지 못했습니다. 송구합니다."

외당은 고개를 저으며 말했다.

"아니다. 네 말이 백번 옳지. 위험한 상황에서 행여나 다칠까 염려되어 말린 것뿐이다. 무서웠을 텐데 몸 사리지 않고 나서 주어 정말 고맙구나. 오늘 보니 역시 수년 전, 널 알아본 내 눈이 틀리지 않았구나 싶다."

희순은 한편으로는 쑥스럽고 한편으로는 감사한 마음에 고개를 푹 숙였다.

그날 밤의 일은 두고두고 항골 사람들 입에 오르내렸다.

"사람들 앞에 서서 당장 물 떠 오라고 소리치는 것 보았는가? 전장에 나선 장부가 따로 없더구먼."

"시집온 첫날 밤에 보통 아낙네 같으면 놀라고 당황해서 그렇게 못 하지. 얼마나 담대한지 깜짝 놀랐다니깐."

"유씨 집안에 대장부 며느리가 오셨네."

항골에 온 첫날부터 희순은 마을 사람들에게 깊은 인상을 남겼다. 항골 사람들은 대범하고 씩씩한 희순을 '대장부 새댁'이라 부르며 따랐다.

왜놈 대장 보거라

"응애응애!"

우렁찬 아기 울음소리가 항골에 울려 퍼졌다. 혼인한 지 무려 십팔 년 만에 희순과 제원 부부에게 드디어 아기가 찾아온 것이었다. 희순은 어렵사리 낳은 아들 돈상을 키우는 재미에 푹 빠져 지냈다.

그러던 어느 날, 달빛마저 구름에 갇힌 한밤중이었다. 칠흑 같은 어둠에 잠긴 건청궁 옆 옥호루에서 일본 낭인들의 긴 칼이 거리낌 없이 번뜩였다. 칼끝이 겨눈 사람은 다름 아닌 조선의 왕비, 중전 민씨였다.

"왜놈들이 감히 궁궐에 침입해 우리 중전마마를 해치다니!"

"이런 벼락 맞을 놈들!"

중전 민씨는 조선을 위협하는 일본의 세력을 꺾기 위해 노력하고 있었다. 왕비의 죽음에 조선 팔도는 슬픔과 분노로 뜨겁게 들끓었다. 희순이 살고 있는 강원도 산골도 예외는 아니었다. 빨래터에 모여든 아낙네들은 빨랫방망이를 두드리며 저마다 울분을 터트렸다. 소리댁이 먼저 말문을 열었다.

"왜놈들이 우리 조선을 얼마나 우습게 여겼으면 감히 궁궐에서 그런 짓을 벌인단 말이에요?"

정문댁이 맞받아쳤다.

"왕비의 목숨도 저희가 마음대로 휘두를 수 있으니 말 안 들으면 가만두지 않겠다고 으름장을 놓는 게지."

"궁궐을 지키는 우리 조선 군사들은 대체 뭘 하고 있었답니까?"

벌골댁이 한탄하자 정문댁도 따라서 가슴을 쳤다.

"그게 답답한 노릇이지. 신식 무기를 이미 왜놈들에게 다 빼앗겼는데 상대가 되겠는가."

"중전마마를 그렇게 보낸 것도 원통한 노릇인데, 왜놈들이 이미 돌아가신 중전마마 왕비 자리마저 내려놓으라고 했다면서요."

"우리 중전마마가 무슨 죄를 지었다고요. 나라의 안주인이 돼서

도적 물리치려고 한 게 죄인가요?"

"이러다가 참말로 일본 세상이 되는 건 아닌지……."

아낙네들은 방망이질도 잊은 채 땅이 꺼지도록 한숨을 쉬었다.

"왜놈들이 우리 전하 상투까지 자르게 했다는 소문 들었나?"

정문댁의 말에 최골댁이 소스라쳤다.

"아니, 상투를 자르다니 그게 무슨 흉악한 소리예요?"

"의복이며 머리 모양을 신식으로 개량해야 하니 임금부터 모범을 보인다면서 그리했다더라. 그게 우리 나라님께서 자진해서 한 거겠나? 왜놈들 압박에 못 견디고 그런 거지."

"오랑캐도 아니고 부모님이 주신 머리카락을 어찌……."

소리댁과 최골댁은 차마 말을 잇지 못하고 눈물을 글썽였다.

"도성에서는 왜놈들이 길 가는 양반들을 잡아다가 강제로 상투를 잘라 버린단다."

"말셥니다, 말세요. 세상이 어찌 되려고."

정문댁이 문득 희순에게 물었다.

"대장부 새댁, 자네는 분하지도 않나? 왜 아까부터 한마디도 말이 없는가?"

희순은 빨랫감을 방망이로 힘껏 내리치며 툭 던지듯 말했다.

"여기서 우리끼리 한탄한다고 뭐가 달라집니까. 저는 천하의 몹쓸 왜놈 대장 앞으로 격문•을 써서 붙였습니다."

> 왜놈 대장 보거라. 너희 놈들이 우리나라가 욕심나면 그냥 와서 구경이나 하고 갈 것이지, 우리가 너희 놈들에게 무슨 잘못을 하였느냐. … 아무리 유순한 백성이라 한들 가만히 보고만 있을 줄 알았단 말이냐. 절대로 우리 임금님을 괴롭히지 마라. 만약 너희 놈들이 우리 임금님, 우리 안사람네를 괴롭히면 우리 조선의 안사람들도 가만히 보고만 있을 줄 아느냐. … 더욱이 우리의 중전마마를 살해하고도 너희 놈들이 살아서 가기를 바랄쏘냐. … 좋은 말로 달랠 적에 너희 나라로 가거라. 대장 놈들아, 우리 조선 안사람이 경고한다.
>
> 조선 선비의 아내 윤희순

• 격문(檄文) : 군인을 모집하거나, 적군을 달래거나 꾸짖기 위한 글

제 이름 석 자를 당당히 밝혀 쓴 격문을 보고는 항골의 아낙네들은 물론 나이 든 유생들도 혀를 내둘렀다.

"허, 역시 대장부 며느리답구나!"

한편 희순의 집에는 하루가 멀다 하고 외당을 찾아온 선비들이 속속 모여들었다. 강원도 곳곳에서 분노를 참지 못하고 뜻을 함께하고자 나선 이들이었다. 사랑을 가득 메운 선비들을 둘러보는 외당의 눈빛이 매섭게 빛났다.

"왜놈들은 우리 중전마마를 해친 죄를 흥선 대원군에게 덮어씌우려고 했소. 궁궐에 있던 외국인 목격자들이 없었다면 진실이 영영 묻혀 버렸을 거요. 게다가 아무 잘못도 없이 희생된 중전마마께 오히려 죄를 물어 폐위●까지 시키려 했소. 조선의 선비로서 왜놈들의 행패를 어찌 두 손 놓고 바라볼 수 있겠소."

외당의 입술이 파르르 떨렸다. 울분을 참지 못하고 눈물을 보이는 선비도 있었다.

"문제는 우리 조선 사람 중에도 왜놈들 편에 선 자들이 있다는 것입니다. 권력과 재물에 눈이 멀어 제 부모와 나라를 팔아먹는 놈들을 가만둘 수 없습니다!"

● **폐위(廢位)** : 왕이나 왕비 등의 자리에서 몰아내는 것

"토역소•를 올리며 왕후 폐위 조칙에 반대했던 전국의 유림•들이 일본군을 응징하여 국모의 원수를 갚을 것을 주장하고 있다고 합니다."

"이미 한양은 물론이고 경기, 충청 지방에서도 의병이 봉기•하고 있소. 우리도 나서야 할 때요. 이대로 가다가는 왜놈들이 우리나라를 통째로 집어삼키는 것은 시간문제일 거요."

사랑 밖에서 선비들의 말을 듣고 있던 희순은 울분으로 심장이 터질 듯했다. 마음 같아서는 당장이라도 뛰쳐나가 왜놈들을 큰소리로 꾸짖기라도 하고 싶은 심정이었다.

얼마 후, 제원은 외당과 함께 의병대를 만들어 봉기할 채비를 했다. 희순은 남편 제원에게 간청했다.

"저도 따라가게 해 주십시오."

제원은 놀라 눈이 휘둥그레졌다.

"그게 무슨 소리요? 우린 전쟁터로 떠나는 것이오. 안사람이 따라갈 곳이 아니란 말이오."

• 토역소(討逆疏) : 나라를 배신한 사람을 무찌르자고 임금에게 올리던 글
• 유림(儒林) : 중국의 공자가 만든 전통 학문인 유학을 믿고 받드는 무리
• 봉기(蜂起) : 벌 떼처럼 떼 지어 세차게 일어남.

"저도 조선의 백성입니다. 서방님과 똑같이 분개하고 있습니다. 나라를 지키고 국모의 원수를 갚기 위해 저도 힘을 보태고 싶습니다. 어찌 안사람이라 하여 아무것도 못 하게 하십니까!"

희순은 억울하고 분한 마음이 치솟아 눈물을 글썽거렸다. 제원은 당황하여 어쩔 줄 몰랐다.

"그, 그런 것이 아니라 나는 당신이 걱정되어……."

"제가 정말 걱정되신다면 제 뜻대로 서방님을 따라갈 수 있게 해 주십시오! 그게 진정으로 저를 도와주시는 길입니다!"

"큼큼."

방문 밖에서 헛기침 소리가 들렸다. 아들 부부의 실랑이를 듣고 온 외당이었다. 희순은 버선발로 뛰어나가 외당에게 매달렸다.

"아버님, 저도 데려가 주십시오. 결코 짐이 되지 않겠습니다. 안사람도 전쟁터에서 할 수 있는 일이 분명 있을 것입니다."

외당은 희순을 찬찬히 바라보았다. 여덟 살 어린 나이에도 나쁜 사람을 보면 혼내 주고 싶은 마음이 절로 든다고 했던 아이였다. 의로운 기상이 하늘을 찌를 듯 드높은 희순의 마음을 외당이 모를 리 없었다.

"네 마음 안다. 울분을 혼자서 삭이기 쉽지 않다는 것 또한 잘 알고 있다."

외당의 따듯한 눈길에 희순의 얼굴이 활짝 펴졌다.

"그럼 저도 데려가 주시는 것입니까?"

"그건 안 된다."

"네? 아버님!"

외당이 희순을 달래듯 말했다.

"의병으로 나서는 것은 생사를 장담할 수 없는 길이다. 너까지 함께 간다면 어린 돈상이는 어찌할 것이며 조상님은 누가 모신다는 말이냐. 어려운 시기에 집안을 책임지는 것도 나라를 위하여 큰일을 해내는 것이다."

희순은 고개를 떨구었다. 외당의 말은 틀리지 않았다. 하지만 희순은 남자들이 전쟁터에 나가 싸울 수 있도록 집안을 돌보는 것만으로는 억울하고 분한 마음이 풀리지 않을 것 같았다. 외당은 그런 희순의 마음을 읽기라도 한 듯 말했다.

"지금 이 시국에 어찌 전쟁이 전쟁터에서만 이루어지겠느냐. 총을 들고 왜놈들과 싸우는 것만이 능사는 아니다. 분명 이곳에서도 나라를 위해 네가 할 일이 있을 것이다."

희순은 외당의 한마디 한마디를 가슴에 깊이 새겼다.

'총 들고 싸우는 것만이 전쟁이 아니다. 그래, 지금 당장 내가 할 일을 찾아 보자.'

다음 날, 의병대를 이끌고 먼 길을 떠나는 외당과 제원을 배웅하며 희순은 남몰래 주먹을 굳게 쥐었다.

〈안사람 의병가〉로 마음을 모아

　　동쪽 산등성이 너머로 붉은 해가 떠올랐다. 희순은 기도를 멈추고 허리를 폈다. 이마에는 어느덧 땀방울이 송골송골 맺혀 있었다. 외당이 의병이 되어 떠난 뒤, 희순은 뒷산에 단을 쌓아 올리고 하루도 빠짐없이 새벽마다 정성스럽게 기도했다.
　　어린 아들 돈상을 돌보고 숯을 구워 팔아 생계를 유지하는 일은 모두 희순의 몫이었다. 어릴 때부터 어머니를 대신해 온갖 집안일을 도맡아 하던 희순이었지만 깊은 산속 숯가마에서 연기와 뜨거운 열기에 맞서 싸워 가며 숯을 굽는 일은 결코 만만한 일이 아니었다. 희순은 이를 악물고 숯을 굽고, 구운 숯을 머리에 이고 다니며 열심히 팔았다.

그러던 어느 날이었다. 초라한 행색을 한 사내들 한 무리가 항골에 들어왔다. 하나같이 흙투성이에 몹시 지쳐 있었고 무리 중에는 다친 이들도 여럿 있었다. 희순은 한눈에 그들이 의병이라는 것을 알아차리고 한달음에 달려 나갔다.

"어디서 온 의병대이시오? 지금 전세가 어떻소?"

무리 중 한 사내가 대답했다.

"우리는 경기에서 봉기했소. 남한산성을 공격해서 점령까지 했지만 왜놈한테 매수당한 병사 몇 놈들 때문에 결국 대장님은 안동까지 물러나고 우리도 해산하여 각자 고향으로 돌아가는 길이오."

"아니, 의병대 중에도 배신자가 있단 말이오?"

"무기도 식량도 부족하여 고생이 이만저만이 아니다 보니 악랄한 왜놈들 이간질에 넘어가는 이들도 생겼소."

희순은 억장이 무너지는 심정이었다. 그때 다른 사내가 애원하다시피 매달렸다.

"배가 고파 죽을 지경인데, 먹을 것 좀 줄 수 있소?"

희순은 황급히 머릿수건을 동여매며 손짓했다.

• **전세(戰勢)** : 전쟁, 경기 등의 형세나 형편

"어서 들어오시오. 내 급히 준비하겠소."

희순의 집 마당은 금세 의병들로 가득 찼다. 희순은 얼른 부엌으로 가서 한 솥 가득 밥을 지었다. 마음 같아서는 따끈한 국도 끓여 제대로 한 상 대접하고 싶었지만 수십 명의 의병대를 한꺼번에 먹이자니 그릇도 수저도 부족했다. 희순은 궁리 끝에 갓 지어 낸 밥을 뭉쳐 주먹밥을 만들었다. 굶주린 의병들은 희순이 만든 주먹밥을 달게 먹었다.

"참으로 고맙소. 다들 먹고살기가 힘들어서 그렇겠지만 어느 마을에서도 선뜻 도와주려 하지 않았는데."

한 의병의 인사에 희순은 고개를 저었다.

"나라를 지키기 위해 목숨 걸고 싸운 의병에게 조금이라도 도움이 되었다면 영광이오. 드시고 남은 주먹밥은 챙겨서 가는 길에 요기하시오."

그 뒤로도 며칠에 걸쳐 해산한 의병대 무리가 계속해서 항골로 밀려들었다. 그런데 한꺼번에 너무 많은 사람이 밀려드니 희순 혼자서는 감당할 수 없었다. 희순은 이웃 아낙들과 친척들을 불러 함께 의병을 대접하자는 뜻을 전했다. 하지만 최골댁은 난처한 기색으로 주저하다 말했다.

"아무리 의병이라도 남녀가 유별한데, 낯모르는 남정네 무리를 어떻게 서방님도 없는 집에 들인단 말이오. 성님, 남사스러워서 저는 도저히 못 하겠소."

그러자 다른 아낙들도 고개를 끄덕였다.

"맞아요. 그건 선비 안사람의 도리가 아니지요."

희순은 속이 상했다. 하지만 희순 역시 어릴 때부터 '남녀칠세부동석'●을 배우며 자란 양반집 아가씨였으니 아낙들의 걱정과 염려를 이해할 수 있었다. 희순은 마을 아낙들에게 조심스럽게 말을 건넸다.

"최골댁의 마음을 나 역시 모르는 게 아니네. 하지만 우리 아버님과 서방님도 지금 낯선 마을을 헤매실 거라 생각하면 나는 우리 마을에 오는 의병대를 차마 그냥 보낼 수가 없네. 내게는 이분들이 모두 우리 아버님이고, 서방님처럼 생각된다네. 내가 이분들을 정성껏 대접하면 어느 마을에서든 우리 아버님과 서방님도 틀림없이 그처럼 대접받으시리라 믿고 있네."

● **남녀칠세부동석(男女七歲不同席)**: 유교의 옛 가르침에서 일곱 살만 되면 남녀가 한자리에 같이 앉지 않는다는 뜻으로, 남녀를 엄격하게 구별하여야 함을 이르는 말

희순의 진심 어린 호소에 최골댁의 눈빛이 흔들렸다. 마을 아낙들도 마찬가지였다. 항골의 안사람치고 남편이나 아들을 의병대에 보내지 않은 이는 없었다. 희순의 말에 아낙들은 저마다 전장에 나간 남편과 아들을 떠올리며 눈물지었다. 최골댁이 마침내 고개를 끄덕였다.

"듣고 보니 성님 말씀이 옳소. 앞으로는 우리 마을에 오는 의병대가 모두 내 가족이라 생각하고 잘 대접하겠소."

하지만 희순의 숙모뻘 되는 의암댁은 여전히 걱정스러운 얼굴로 말했다.

"돈상 어멈아, 듣자 하니 네가 조상님 제사 받들어 모실 쌀까지 모조리 의병대 먹이는 데 쓴다는데 그건 안 될 노릇이다."

희순은 의암댁을 향해 예의 바르지만 단호하게 말했다.

"숙모님, 우리 조상님들은 분명 남아 있는 쌀로 눈앞에 살아 있는 목숨을 먼저 구하라고 하실 분들이십니다. 그렇지 않습니까?"

의암댁은 희순의 당찬 대답에 더 이상 반박하지 못했다.

희순의 호소를 들은 항골 아낙들은 의병대를 대접하는 데 저마다 힘을 보탰다. 하지만 여전히 선뜻 나서는 것을 망설이는 이들도 있었다. 희순은 깊은 고민에 빠졌다.

'나라의 어려움을 극복하려면 백성들이 마음을 하나로 모아야 할 텐데, 이를 어쩌면 좋을꼬.'

그때 거리에서 들리는 아이들의 노랫소리가 희순을 사로잡았다.

"넘어가네, 넘어가네, 험한 고개를 넘어가네. 줄줄이 쌍쌍이 넘어가네. 넘어갈수록 험한 고개 가시도 많고 덤불도 많다. 그렇다고 안 넘을쏘냐."

'그래, 바로 저거로구나!'

희순의 머릿속에 번뜩 떠오른 것은 어린 시절 어른들을 따라 흥얼거렸던 〈경복궁 타령〉이었다.

"노래는 뭇사람의 마음을 하나로 모으는 힘이 있다는 뜻이란다. 노래를 함께 부르며 지치고 힘든 마음을 서로 위로하고, 위로받는 게지."

외당의 다정한 목소리가 엊그제 들은 것처럼 또렷이 떠올랐다.

'노래는 힘이 세다고 하셨지. 그래, 노래를 지어 퍼뜨리는 거다!'

희순은 그 자리에서 종이와 붓을 꺼내 노랫말을 짓기 시작했다. 어찌 표현하면 나라 사랑하는 마음을 잘 이끌어 낼까 고민하며 노랫말을 고치고 또 고치느라 날이 새는 줄도 몰랐다. 노래를 지으며 희순은 노랫말이 입에 잘 붙는지 소리 내어 불러 보았다. 곤한 잠에 빠져 있던 어린 돈상이 희순의 노랫소리에 부스스 깨어 칭얼거렸다. 희순은 아들 돈상을 안아 들고 나지막한 목소리로 말했다.

"네 할아버님께서 의병대로 떠나시면서 남기신 말씀이 있단다. 총을 들고 싸우는 것만 전쟁이 아니니, 이곳에서도 분명 할 일이 있을 거라고. 드디어 이 어미가 할 일을 찾은 것 같구나."

어린 돈상이 희순의 말을 이해할 리 없었다. 부드러운 손길과 희순의 따스한 목소리를 자장가 삼아 다시 새근새근 잠에 빠져들 뿐이었다. 하지만 희순은 기분 좋은 숨소리를 내며 잠든 아들이 자신을 응원해 주는 것처럼 느껴져 깊은 행복감에 젖었다. 희순은 돈상

의 등을 토닥이며 방금 지은 노래를 가만가만 불러 주었다.

우리나라 의병들은 나라 찾기 힘쓰는데
우리들은 무얼 할까 의병들을 도와주세.
내 집 없는 의병대를 뒷바라지하여 보세.
…
우리 조선 아낙네들 나라 없이 어이 살며
힘을 모아 도와주세.
만세 만세 만만세요 우리 의병 만세로다.

희순은 동네 아이들을 모아 놓고 자신이 지은 노래를 가르치는 한편, 스스로도 밤이고 낮이고 할 것 없이 노래를 부르고 다녔다. 숯을 구우면서도, 의병들에게 밥을 지어 주면서도, 밭일을 나가서도 목청 높여 흥겹게 노래하니 마을 사람들도 어느덧 하나둘 희순이 지은 노래를 따라 부르기 시작했다.

"외당댁 며느리 말이오, 실성한 사람처럼 노래를 부르고 다니는데 걱정이 이만저만이 아니오."

"아니, 노래 부르는 게 어때서 그러오?"

"노랫말 못 들었소? 왜놈들이 들으면 죽을 소리뿐이니 그러지요. 이제는 아이들은 물론이고 젊은 청년이며 새댁들까지 온통 그 노래를 부르고 다니니 왜놈들 귀에 들어갔다가는 큰일이 날까 싶어 걱정이 태산입니다그려."

친척 어른들의 염려에도 불구하고 희순이 지은 〈안사람 의병가 노래〉는 곧 항골 전체에 퍼져 나갔다.

"만세 만세 만만세요 우리 의병 만세로다."

있는 힘껏 소리치며 노래하다 보면 어느 결에 힘이 불끈 솟아오르고 금방이라도 왜놈들을 물리칠 수 있을 것 같은 기분이 드는 것이었다. 항골 아낙들은 다 같이 신나게 노래하며 밥을 지어 의병들을 먹이고 다친 병사들을 치료해 주었다.

전투에 패배하고 의병대가 뿔뿔이 흩어져 실의에 빠진 채 고향으로 돌아가던 의병들도 희순과 항골 아낙들이 불러 주는 노래를 듣고 움츠러들었던 어깨가 절로 펴졌다. 희순은 좌절한 의병들을 따듯하게 위로하고 격려하는 것도 잊지 않았다.

"괜찮습니다. 여러분은 무사히 살아 돌아온 걸로 충분합니다. 곧 적당한 때를 만나면 다시 의병을 일으키면 되지 않습니까. 왜놈들을 물리칠 그날까지 절대로 포기하지 맙시다!"

희순의 진심 어린 응원에 의병들은 다시금 힘이 솟는 것을 느꼈다. 희순의 엄청난 열정과 기세에 감동한 병사가 감탄하며 말했다.

"비록 치마 두른 아낙이지만 이분이야말로 진정한 의병장감입니다."

희순은 의병대를 도우며 기쁨과 보람도 느꼈지만 점차 마음이 무거워졌다. 항골을 지나는 의병대 무리가 줄어들기는커녕 날이 갈수록 점점 늘어나고 있었기 때문이었다. 그것은 일본군과의 전세가 불리해지고 있다는 뜻이었다. 희순은 생각에 잠겼다.

'앞으로는 남자 여자 할 것 없이 전쟁에 뛰어들어야 할 때가 올지도 몰라. 미리 준비해야겠어.'

아무리 왜놈들이 강성한들

우리들도 뭉쳐지면 왜놈 잡기 쉬울세라.

아무리 여자인들 나라 사랑 모를쏘냐.

아무리 남녀가 유별한들 나라 없이 소용 있나.

우리도 나가 의병 하러 나가 보세.

　　　　　　...

우리 안사람 만만세로다.

희순이 지은 〈안사람 의병가〉를 부르는 항골 아낙들의 목청이 하루가 다르게 드높아졌다. 희순은 아낙들의 씩씩하고 자신감 넘치는 모습을 흐뭇하게 바라보았다.

우리는 안사람 의병대다

나라를 지키기 위해 전국에서 의병이 나섰지만, 일제는 신식 무기를 앞세워 임금인 고종을 강제로 폐위시키고 급기야 조선의 군대까지 해산했다. 잠시 집으로 돌아왔던 외당과 제원을 비롯한 고흥 유씨네 의병대는 다시 수백 명의 의병을 모아 춘천 가정리 여우내 깊은 골짜기에서 본격적으로 일본에 대한 투쟁을 시작했다.

항골은 깊은 어둠에 잠겨 있었다. 한 치 앞도 보이지 않는 장막 같은 어둠을 뚫고 바스락바스락 조심스러운 발소리만 들렸다. 패랭이•를 쓰고 등에는 봇짐을 짊어진 두 사내가 희순의 집을 몰래 빠

• **패랭이** : 대를 쪼개어 가늘게 깎은 조각을 엮어 만든 갓

져나왔다. 사내들은 어둠 속에서도 주변의 눈을 의식하는 듯 연신 사방을 살폈다. 행여나 나뭇가지라도 밟아 소리를 낼까 살금살금 내디디는 발걸음은 가볍고도 날렵했다. 두 사내는 밤손님처럼 어둠을 틈타 서둘러 마을을 빠져나갔다.

숨 돌릴 틈도 없이 발을 재게 놀려 인적이 드문 산길로 접어들었을 때는 동이 막 틀 무렵이었다. 사내들은 그제야 안심한 듯 발걸음을 늦추며 이마에 맺힌 땀을 닦았다. 산등성이 너머로 봉긋 솟아오른 햇살에 사내들의 정체가 비로소 드러났다. 한 사람은 사내처럼 상투를 틀어 올린 희순이었다. 희순이 빙그레 웃으며 말했다.

"자네, 전에는 안사람의 도리가 어쩌고 하지 않았던가. 사내처럼 꾸미고 다니는 게 안사람의 도리가 아닐 텐데?"

"성님도 참, 나라 지키는 일에 안사람 바깥사람이 따로 있소?"

최골댁이 패랭이를 벗으며 대차게 받아쳤다. 두 사람은 소리 죽여 함께 웃었다. 하루를 꼬박 걸어 다시 어둠이 자욱하게 깔릴 즈음 두 사람은 여우내 깊은 골짜기에 도착했다.

"여보!"

마중 나와 있던 제원이 희순의 손을 덥석 잡았다.

"오는 길에 위험한 일은 없었소?"

"네, 사람들 눈을 피해 산길만 밟아 왔습니다."

"아이들은 잘 있소?"

"그럼요, 아이들 걱정일랑 하지 마십시오."

희순이 다부지게 대답했다. 제원은 새삼 아내를 존경 어린 눈으로 바라보았다. 그간 바깥을 떠돌며 의병 활동을 하느라 맏아들 돈상과 민상, 교상까지 세 형제에게 아버지 노릇을 거의 하지 못했다. 가족의 생계를 오롯이 책임지고 세 아들을 혼자 힘으로 키우며 아버지의 역할까지 대신 해내고 있는 사람이 바로 희순이었다. 거기에 의병 활동까지 하면서도 힘들다는 투정 한 번 하지 않는 아내가 고맙고 미더울 뿐이었다.

제원은 희순을 외당이 누워 있는 움막 안으로 안내했다. 외당은 얼마 전에 있었던 전투에서 일본군의 총에 맞아 크게 다친 뒤 제때 치료받지 못해 후유증으로 무척 고생하고 있었다. 몰라보게 수척해진 외당의 모습에 희순은 눈앞이 흐릿해졌다.

"아버님!"

"여기까지 오느라 고생했구나. 네가 안사람들을 이끌어 군자금을 모으고 탄약까지 만든다는 소식 들었다."

희순은 갑자기 울음이 북받쳐 고개를 숙이고 흐느꼈다. 외당은

마음이 아팠지만 짐짓 나무라는 투로 말했다.

"어허, 안사람 의병장이 아무 곳에서나 눈물을 보여서야 쓰나."

희순은 얼른 소매로 눈물을 닦고 봇짐에 든 꾸러미를 건넸다.

"스물하고 넉 냥, 오십 전입니다. 이 정도면 놋쇠를 어느 정도나 살 수 있을까요? 의암소, 가평 주길리 할 것 없이 왜놈들과 치열한 전투를 벌이느라 탄약이 무척 부족하다고 들었습니다."

"최대한으로 구해야지. 그나저나 안사람들 고생이 이만저만이 아니구나."

"항골 아낙네들은 이제 탄약 초석을 만드는 일에는 이골이 났습니다. 처음에는 똥오줌 섞인 흙을 재에 짓이겨 물을 붓고 졸아들 때까지 끓여 대니 그 냄새에 다들 코를 막고 진저리를 쳤지만요."

희순과 최골댁이 마주 보고 미소 지었다.

"그리 애를 써 준 덕에 탄약을 만들어서 우리가 왜놈들과 싸울 수 있는 게지."

"아버님, 이제 우리 안사람 의병대도 군사 훈련에 들어가야 할 것 같습니다."

희순의 다부진 말에 외당은 물론 최골댁도 깜짝 놀랐다.

"전투 상황이 심상치 않습니다. 이대로 왜놈들에게 밀리면 저들이 결국 나라를 집어삼키는 꼴을 눈앞에 맞닥뜨리고야 말 것입니다."

"성님 말씀은 우리 아녀자들이 총을 들고 전투에서 직접 싸우자는 거요?"

"그렇네."

최골댁의 입이 떡 벌어졌다. 외당이 걱정스러운 눈으로 말했다.

"꼭 그렇게까지 해야겠느냐?"

"아니, 여보. 그건……."

제원이 끼어들자 희순이 달래듯 말했다.

"당장 전투에 뛰어들겠다는 것은 아닙니다. 지금부터 안사람들도 총 쏘는 훈련을 해 두어야 훗날 필요할 때 나설 수 있을 것 같아

드리는 말씀입니다."

외당은 여러 마음이 복잡하게 얽혀 선뜻 그러라고도, 절대 안 된다고도 할 수 없었다. 며느리를 비롯해 안사람들까지 위험한 전쟁터로 내몰고 싶지 않은 마음이 컸지만, 희순의 말처럼 안사람의 손이라도 빌리지 않으면 안 될 정도로 상황이 급격히 나빠지고 있는 것 또한 사실이기 때문이었다. 그때 잠자코 있던 최골댁이 입을 열었다.

"외당 어른, 성님 말씀대로 우리 안사람들도 훈련받게 해 주십시오."

이번에는 오히려 희순이 놀라 최골댁을 바라보았다. 최골댁이 희순을 보고 씩 웃었다.

"성님 아니었으면 제가 이런 차림으로 밖을 나다니게 될 거라고 감히 상상이나 했겠어요? 그런데 하니까 또 되더라고요. 총질도 마찬가지겠지요, 뭐."

희순은 최골댁을 향해 가만히 미소를 지었고, 외당과 제원은 두 손 두 발 다 들었다는 듯 고개를 절레절레 흔들 뿐이었다.

탕! 탕! 탕! 얼마 뒤부터 여우내 골짜기에서 끊임없이 화약 터지는 소리가 울렸다. 의병장 희순이 이끄는 안사람 의병대의 본격적인 군사 훈련이 시작된 것이었다. 안사람들은 직접 화약을 만드느라 고생해 보았기에 훈련용으로 쓰는 탄약 하나하나가 얼마나 소중한지 누구보다 잘 알고 있었다. 안사람 의병대원들은 진짜 전쟁터에 나선 것처럼 비장한 각오로 훈련에 참여했다.

"소리댁, 솜씨가 많이 늘었소."

"처음에는 방아쇠를 당기는 순간 몸이 뒤로 발라당 넘어갈 것 같아 벌벌 떨리더니, 이젠 제법 할 만하네요."

소리댁이 수줍게 웃었다.

"원수 왜놈들을 한 방에 쓰러뜨릴 자신 있다니까요!"

벌골댁이 기세 좋게 외치는 소리에 희순이 빙그레 웃었다. 처음에는 여자라고 얕잡아 보던 의병대원들도 안사람들의 열정과 기세를 차차 인정하기 시작했다.

"이제 보니 안사람들도 전쟁터에 나가면 군인 한 몫을 제대로 해내겠소."

"안사람 의병대에 밀리지 않으려면 우리 남자 대원들도 더 열심히 훈련해야겠는걸!"

의병대원들은 힘든 훈련으로 지칠 때마다 희순이 가르쳐 준 〈의병 군가〉를 소리 높여 불렀다. 다 함께 입을 맞추며 있는 힘껏 소리

질러 노래하면 신기하게도 불끈불끈 기운이 솟아나고는 했다.

나라 없이 살 수 없네 나라 살려 살아 보세.
...
살 수 없다 한탄 말고 나라 찾아 살아 보세.
전진하여 왜놈 잡자 만세 만세 왜놈 잡자.
의병 만세.

붉은 해가 서쪽 하늘을 노을빛으로 물들일 때, 여우내 골짜기는 의병들의 뜨거운 열기로 물들어 갔다. 그 순간만큼은 어떤 국난이라도 다 헤쳐 나갈 수 있을 것 같아 희순은 가슴이 벅차올랐다.

다시는 떠올리고 싶지 않은 순간

"소문 들었소? 조선 팔도의 의병들이 드디어 하나로 뭉쳐 도성으로 진격할 거라 하오."

"정말이오? 이제 왜놈들은 우리 손에 끝장날 일만 남았구려!"

"그럼 우리 의병대는 언제 출격하게 되는 거요?"

여우내 골짜기는 흥분과 기대로 크게 술렁였다. 희순을 비롯한 안사람 의병대도 그간 받아 온 군사 훈련을 발판 삼아 마침내 전투에 참여하게 될 날을 두려움과 설렘 속에 기다렸다.

그러나 얼마 뒤 한양에서 전해진 소식은 몹시 참담하고 절망적이었다. 13도 창의군의 군사장 허위가 이끄는 선봉대가 동대문 밖까지 진격했지만, 미리 준비하고 있던 일본군에게 처참하게 패배하고 만 것이었다. 출격할 날을 기다리던 전국의 의병대와 조선의 백성들은 크게 실망할 수밖에 없었다. 게다가 이어진 일제의 의병 토벌이 얼마나 끔찍하고 잔인했는지 의병 세력은 완전히 무너지다시피 했다.

고흥 유씨네 의병대와 희순이 만든 안사람 의병대도 눈물을 머금고 해산할 수밖에 없었다. 희순은 피눈물이 솟구칠 만큼 분한 마음을 억누를 수 없었지만 슬퍼하고 분노하는 안사람 의병대원들을 보고는 애써 마음을 다잡았다. 희순은 대원들을 다독이며 다부지게 말했다.

"끝날 때까지는 아직 끝난 게 아니오. 마지막 한 사람이라도 숨이 붙어 있는 한 우리는 끝까지 싸울 것이오."

외당의 방 안이 고요했다. 희순은 초조한 낯빛으로 아까부터 외당의 방 앞을 서성이고 있었다. 의병대가 해산한 후, 외당은 눈에 띄게 기운을 잃고 말았다. 깊은 생각에 잠긴 얼굴로 몇 시간째 먼 곳만 바라보고 있기도 했다. 희순은 의병대가 뿔뿔이 흩어져 버린 것도, 늘 든든한 대들보 같던 외당이 절망하는 모습을 보는 것도 사무치도록 가슴 아팠다. 희순은 문밖에서 가만히 외당을 불렀다.

"아버님, 시장하지 않으세요? 점심상 올릴까요?"

방 안에서는 여전히 기척이 없었다. 희순은 목소리를 조금 더 높였다.

"아버님?"

여전히 대답이 없었다. 순간 불길한 예감이 든 희순은 다급히 방문을 열어젖혔다. 외당은 서안• 앞에 단정히 앉아 먹을 갈고 있었다. 한쪽 옆에는 새끼줄이 놓여 있었다. 외당은 유서를 쓸 준비를 하고 있던 것이었다. 희순이 소스라쳐 소리쳤다.

"아버님, 이게 다 무엇이옵니까!"

희순의 놀란 목소리에 제원도 달려왔다. 외당은 담담한 얼굴로 말했다.

"이제는 조선의 백성으로서 내가 할 수 있는 일이 더 이상 없는 것 같구나. 왜놈들에게 구차한 꼴을 보이느니 깨끗이 목숨을 버려 임금에 대한 신의를 지키고자 한다."

희순은 처음으로 외당 앞에서 큰소리를 냈다.

"아버님, 저는 벼슬 한 번 한 적 없는 아녀자에 불과하지만 우리

• **서안(書案)**: 예전에, 책을 얹던 책상

나라를 지키기 위해 제 목숨을 기꺼이 바칠 각오를 하였습니다. 그런데 아버님께서는 아까운 목숨을 어찌 그리 쉽게 버리려고 하십니까. 나라가 왜놈들 손에 넘어갈 판인데 이대로 포기하려 하시는 겁니까!"

제원도 희순의 편을 들었다.

"아버님 말씀대로 조선에서는 더 이상 할 수 있는 일이 없을지 모릅니다. 그렇다면 조선 땅을 떠나면 어떻겠습니까. 다른 지역에서도 해산한 의병대가 독립운동을 하기 위해 속속 중국으로 떠나고 있다고 합니다."

외당은 희순과 제원의 간절한 설득에 결국 마음을 돌렸다. 외당과 제원이 먼저 중국으로 떠나고 희순은 아이들을 데리고 일단 항골에 남기로 했다.

"아가, 또 너만 두고 가게 되었구나. 부디 건강 잘 돌보거라."

"여보, 다시 만날 때까지 아이들을 잘 부탁하오."

희순은 억지로 눈물을 삼키며 두 사람을 떠나보냈다.

며칠 뒤, 희순은 밭에서 구슬땀을 흘리며 김을 매고 있었다. 가장의 빈자리를 메우려면 더 부지런히 일해야 했다.

"성님! 성님! 큰일 났소!"

최골댁이 숨넘어갈 듯 외치며 달려오고 있었다. 희순은 호미질을 멈추고 눈을 찡그렸다.

"무슨 일인가?"

"아이고, 빨리 집에 가 보시오. 왜놈들이 들이닥쳐서 돈상이를 잡아 죽일 듯이 패고 있소."

최골댁은 발을 동동 굴렀다. 희순은 그대로 호미를 던져 버리고 집을 향해 내달았다. 아무것도 보이지 않고 아무 소리도 들리지 않았다. 희순은 허공 속을 필사적으로 허우적거리는 심정으로 발길을 재촉했다.

마당에 들어선 순간, 희순은 심장이 땅속 깊은 곳으로 쿵 떨어지는 느낌이었다. 희순의 큰아들 돈상이 무지막지한 일제 순사의 손에 멱살을 잡힌 채 벌벌 떨고 있었다.

"네 할아비 유홍석이 어디로 달아났는지 말해!"

"으, 으으……."

돈상은 울지 않으려고 입술을 꽉 깨물었다. 하지만 아픔과 두려움에 눈물은 뺨을 타고 흘러내렸고 앙다문 입술 사이로 고통스러운 신음이 새어 나왔다. 그 모습에 희순은 피가 거꾸로 솟았다. 희순은 일제 순사를 향해 천둥처럼 소리쳤다.

"네 이놈! 이게 무슨 짓이냐!"

순사는 희순을 힐끔 보더니 긴 칼을 꺼내 돈상의 목을 겨누었다. 희순의 얼굴이 삽시간에 새파랗게 질렸다. 희순은 다리에 힘이 풀려 저도 모르게 휘청이다가 그대로 땅에 주저앉을 뻔했다. 돈상이 비죽비죽 울기 시작했다.

"유홍석과 유제원이 어디로 도망갔지? 당장 말하지 않으면 네 아들놈은 무사하지 못할 것이다."

순사의 입가에 비열한 미소가 떠올랐다.

"어미가 되어서 아들 죽는 꼴을 눈앞에서 보고 싶지는 않겠지?"

순사는 돈상의 멱살을 더욱 거칠게 틀어쥐고 당장이라도 찌를 듯 날카로운 칼날을 세웠다.

'저 무자비한 놈이 내 아들을 어쩌려고…….'

희순의 마음속에 두려움이 거대한 파도처럼 들어찼다. 순사는 그 순간을 놓치지 않고 희순을 조롱하듯 다그쳤다.

"어떠냐? 어미에게 자식보다 귀한 것은 없다는데, 네 손으로 아들의 목숨을 끊어 놓을 참이냐. 당장 유홍석이 간 곳을 대라니까!"

희순은 눈을 감았다. 가만히 숨을 내쉬며 폭풍우처럼 밀려오는 두려움을 안간힘을 다해 밀어냈다. 마침내 눈을 떴을 때, 희순의 눈

빛은 놀랍도록 차가워져 있었다. 희순은 순사를 향해 낮은 목소리로 내뱉었다.

"네 이놈! 참으로 우습구나. 죄 없는 아이의 목숨을 손아귀에 놓고 조롱하는 것은 바로 네놈이다. 내 아들의 귀한 목숨을 끊는 악랄한 짓을 하려는 자는 네놈이지, 내가 아니다. 어찌 사악한 말로 그 천벌받을 짓을 나에게 덮어씌우려 하느냐!"

순사는 뜻밖의 반응에 주춤했다.

"아버님의 목숨을 팔아 자식을 살리고 싶은 마음은 추호도 없다. 네놈이 기어이 내 아들을 죽이고 씻을 수 없는 죄를 짓겠다면 그리하여라. 나 역시 이 자리에서 혀를 깨물고 죽어 버릴 것이다."

희순은 순사를 매섭게 노려보며 한 걸음씩 천천히 내디뎠다.

"그리되면 내가 네놈을 용서할 성싶으냐! 죽어서 귀신이 되어서라도 널 용서치 않을 것이다!"

희순의 기세에 이번에는 순사의 얼굴이 하얗게 질렸다. 그는 엉거주춤하다가 돈상의 멱살을 놓쳐 버렸다. 금세 정신을 차린 순사는 마구 욕을 하며 돈상의 뺨을 있는 힘껏 갈겼다. 그러고는 땅에 패대기쳐져 쓰러진 돈상을 향해 분풀이하듯 한참이나 주먹질과 발길질을 했다. 희순은 눈도 깜빡하지 않고 꼿꼿하게 서서 그 모습을 똑바로 지켜보고 있었다. 제풀에 지친 순사는 침을 퉤 뱉고는 씩씩거리며 가 버렸다.

순사가 자리를 뜨자마자 희순은 황급히 달려가 땅에 쓰러져 있는 돈상을 일으켜 품에 안았다.

"애야, 괜찮은 거냐."

희순의 눈에는 금세 눈물이 차올랐다. 얻어맞은 눈두덩이 퉁퉁 부어올라 눈도 제대로 뜨지 못하는 돈상의 얼굴을 희순은 하염없이 쓰다듬었다.

"어머니."

"그래, 장하다. 무서웠을 텐데 잘 견디었다."

"그런데 어머니, 순사는 갔는데 왜 이렇게 떨고 계세요?"

희순은 그제야 자신이 사시나무 떨듯 온몸을 떨고 있음을 알아차렸다.

"어미가 얼마나 무서웠는지 아느냐. 그놈이 정말로 널 어찌할까 봐……."

돈상은 멍든 얼굴을 찌푸리고 투정하듯 말했다.

"피, 그리도 의연하셨으면서 이제 와서 그리 말씀하셔도 믿지 않습니다."

희순은 돈상을 품에 꼭 안고 말했다.

"이제껏 살면서 그렇게 무서운 적은 처음이었다. 다시는 떠올리고 싶지 않은 순간이었어."

희순은 갑자기 서러움이 북받쳐 소리 내어 울었다. 희순은 누구보다 강하고 당당하고 용감한 사람이었지만 사랑하는 아들 앞에서는 한없이 여릴 수밖에 없는 어머니였다.

고향을 떠나 중국으로

 평정산 자락이 한눈에 보이는 중국의 난천자. 먼저 조선을 떠난 남편과 시아버지의 뒤를 따라 희순이 아이들을 데리고 이곳에 터를 잡은 지 어느새 일 년이 흘렀다.

 "황량하기 그지없던 산골짜기에도 드디어 봄이 찾아오는가."

 희순은 모내기를 하다 말고 잠시 허리를 펴면서 혼잣말을 했다. 조선처럼 드넓은 논은 아니었지만 황무지였던 이곳이 제법 모양새를 갖춘 논이 된 걸 보니 새삼 흐뭇한 미소가 떠올랐다. 고생했던 지난 일들이 주마등처럼 머리를 스치고 지나갔다.

 항골 의병 가족 수십여 명이 함께 고향을 등지고 국경 수비대의 감시를 피해 압록강을 건넌 일이며 산에서 노숙할 때 차디찬 맨땅에 누운 등이 시려 밤새 뒤척이던 일, 낯선 중국 땅에 첫발을 디디며 막막했던 심정과 귓가에 들려오는 낯선 말에 자꾸만 움츠러들던 날들이 마치 엊그제 일인 양 떠올랐다.

중국의 난천자는 골이 깊고 비탈져 방향조차 가늠하기 어려운 깊은 산골짜기였다. 파도 파도 계속 나오는 돌무더기를 골라내고, 제멋대로 우거진 잡초를 제거하느라 희순을 비롯한 의병 가족들은 그야말로 뼈 빠지게 일해야 했다. 시베리아에서 불어오는 찬바람이 사정없이 몰아치면 동상에 걸리지 않으려고 천으로 손을 칭칭 동여매고서 일을 했다. 땀을 흘리며 일하다 보면 눈썹에 고드름이 매달리고는 했다. 그렇게 황무지를 논밭으로 일구어 내는 것을 보고는 난천자에 살던 중국 사람들도 차츰 감탄하게 되었다.

"저 사람들은 진짜 부지런해."

"그런데 대체 뭘 하는 거지?"

"왜 땅에 물을 붓고 풀을 심는 거야?"

난천자의 중국 사람들은 밭농사만 지을 뿐 벼농사는 알지 못했다. 그래서 희순과 의병 가족들이 모내기하는 것을 신기하게 구경하고는 했다. 희순은 처음에는 중국 말을 한마디도 할 줄 몰랐지만,

손짓 발짓을 해 가며 그들에게 벼농사 짓는 법을 열심히 가르쳐 주었다.

"모내기할 때는 물을 충분히 대 줘야 해요. 못줄을 이용하면 일정한 간격으로 모를 심을 수 있어요."

"거름을 주면 벼가 잘 자라요. 똥에 지푸라기를 섞어 잘 썩도록 두면 거름이 돼요."

"잡초가 자라지 못하게 김매기를 부지런히 해 줘야 해요. 이 벼가 자라면 쌀이 나오는 거예요."

의병 가족 중에는 그런 희순을 이해하지 못하는 이들도 있었다.

"아이고, 나는 농사일만으로도 힘이 다 빠지는데. 성님은 어째 말도 안 통하는 사람들한테까지 벼농사 짓는 걸 가르치느라고 고생을 사서 한대요."

"모르는 소리. 우리가 앞으로 중국 땅에서 독립운동을 하려면 저 사람들 도움이 꼭 필요하네. 일본에 맞서려면 반드시 중국 사람들과 손을 잡아야 해."

희순의 노력 덕분에 난천자에 자리 잡은 의병 가족들은 그곳에 원래 살던 중국 사람들과 가깝게 지낼 수 있게 되었다. 더불어 희순의 중국어 실력도 날이 갈수록 쑥쑥 늘었다. 희순은 틈날 때마다 중국 사람들을 찾아다니며 그들을 설득하는 일에 힘을 쏟았다.

"우리 조선 사람들은 나라를 구하기 위해 목숨을 내놓았습니다. 그러니 당신네 중국 사람들도 우리를 도와주어야 합니다. 우리를 도와주는 것이 곧 당신네 나라를 돕는 길입니다."

중국 사람들은 희순의 말에 뜨악한 표정을 지었다. 한 중국인 남자가 못마땅한 얼굴로 팔짱을 끼고 물었다.

"그게 대체 무슨 소리요? 조선을 돕는 것이 어떻게 우리 중국을 위한 길이라는 거요?"

희순은 그를 똑바로 바라보며 되물었다.

"일본이 조선을 침략했다는 건 알고 있지요? 다음 차례는 어디일 것 같소?"

"그, 그야……."

희순은 남자가 머뭇거리는 틈을 놓치지 않고 쏘아붙였다.

"일본이 조선을 탐낸 진짜 이유가 뭔 줄 아시오? 섬나라 일본이 대륙으로 진출하는 발판으로 삼으려는 것이오. 일본의 다음 목표는 바로 중국이 될 거란 말이오! 그러니 우리 조선의 독립을 돕는 것이 곧 중국을 지키는 길이라는 거요. 내 말이 틀리오?"

남자는 아무 말도 하지 못했다. 다른 중국 사람들도 희순의 말에 고개를 끄덕였다. 그 뒤로 난천자의 중국 사람들은 희순과 의병 가족들의 독립운동을 돕기 위해 기꺼이 식량이나 돈을 내놓았다.

그러던 어느 날, 외당이 희순과 제원을 불러 놓고 말했다.

"그동안 난천자에 터를 잡느라 너희가 얼마나 고생했는지 잘 알고 있다. 하지만 우리가 조선을 떠나온 이유는 독립운동에 힘쓰기 위함이 아니겠느냐. 이곳에서 안주하기보다는 독립운동을 본격적으로 할 수 있는 곳으로 떠나는 것이 어떨까 한다."

"아버님 말씀이 옳습니다. 그런데 어디로 갈지 생각해 둔 곳이 있으십니까?"

제원의 물음에 외당은 곧바로 대답했다.

"만주 서간도 쪽에 있는 환인현은 우리 고구려의 첫 수도인 오녀산이 있는 곳이다. 그곳에 조선을 떠나온 의병 가족들이 많이 모여 살고 있다는구나. 그곳에 가면 우리도 반드시 할 일이 있을 것이다."

희순은 그동안 온몸을 갈아 일군 터전과 정든 이웃을 떠난다고 생각하니 문득 서운한 마음이 밀려왔다. 그런 며느리의 심정을 짐작한 듯 외당이 희순에게 말을 건넸다.

"동창학교라고 들어 보았느냐. 독립운동가를 길러 내는 학교란다."

희순은 학교라는 말에 반색하며 되물었다.

"환인현에 조선 사람들이 세운 학교가 있습니까?"

외당은 고개를 끄덕였다.

"일제의 통치가 한두 해로 끝날 것 같지 않구나. 우리가 나라를 되찾으려면 앞으로 조선의 청년들이 민족정신을 잃지 않도록 교육하는 일이 점점 더 중요해질 것이다. 동창학교에서는 우리말과 글이며 조선의 역사를 가르치는 것은 물론이고 학생들에게 군사 훈련까지 시키고 있다는구나. 환인현에 가서 우리도 그런 학교를 세워 보면 어떻겠느냐."

제원이 무릎을 쳤다.

"당신은 항골에서 안사람들을 모아 독립 의지를 불어넣고 군사 훈련까지 도맡아 해내지 않았소? 내가 보기에 당신은 아주 훌륭한 선생이 될 수 있을 거요."

희순은 제원의 격려에 어느덧 서운한 마음은 사라지고 이내 가슴이 뛰기 시작했다. 고향을 등지고 낯선 땅으로 떠나올 때부터 희순은 조국을 위해서라면 어떤 일이든 가리지 않고 헌신하겠다고 다짐했다. 아무리 고되고 힘든 일이라도, 혹은 위험한 일이라도 뒷걸음질 치거나 물러서지 않겠노라 마음먹었다. 하물며 독립투사를 길러 내는 일에 힘을 보탤 수 있다면 목숨을 바쳐도 아깝지 않을 것 같았다.

얼마 뒤, 희순은 가족과 함께 다시 낯선 곳을 향해 새로운 길을 떠났다. 중국 사람들도 소중한 벼농사 기술을 가르쳐 준 희순이 떠난다고 하자 몹시 아쉬워하며 배웅을 나왔다. 희순은 그들의 손을 힘껏 잡으며 말했다.

"우리는 서로 다른 조국에서 태어났지만 항일이라는 한배를 탄 것이나 다름없소. 언제나 그걸 잊지 말아 주시오."

부지런한 고려인들이 일군 마을이라며, 중국 사람들이 '고려구'라고 불렀던 난천자는 낯선 중국 땅에서 희순이 온갖 고생을 하며 처음 뿌리를 내린 곳이었다. 희순은 아쉬움과 서운함을 난천자의 골짜기 한편에 묻어 두고 새로운 출발을 하기 위해 환인현을 향해 힘찬 첫발을 내디뎠다.

천 번을 넘어지면 만 번을 일어서리라

매서운 겨울바람은 그쳤지만 노학당의 붉은 벽돌에는 아직 찬 기운이 남아 있었다. 노학당은 일본과 맞서 싸울 조선 청년들을 길러 내기 위해 희순이 환인현에 세운 학교였다.

"경도야, 종수야 그리고 정헌아. 우리 노학당의 정신이 무엇이냐?"

세 학생은 갑작스러운 희순의 질문에 어리둥절해했다. 질문의 답을 몰라서가 아니었다. 모든 교실이며 식당, 심지어 기숙사까지 벽이란 벽은 가리지 않고 나붙은 노학당의 네 가지 정신을 학교에서 가장 모범적인 세 학생이 모를 리 없었다. 다만 새삼스레 그것을 묻는 교장 희순의 뜻을 짐작할 수 없을 뿐이었다. 셋 중 이름이 제일 먼저 불린 경도가 대답했다.

"항일, 애국, 분발, 향상입니다."

"그게 무슨 의미인지 말해 보거라."

이번에는 종수가 나섰다.

"항일과 애국. 그것은 우리 학교가 일본에 빼앗긴 조국을 되찾을 힘을 기르기 위해 존재한다는 뜻입니다."

정헌이 이어서 대답했다.

"분발과 향상. 지금은 비록 현실적으로 어려운 점이 많지만 우리는 늘 분발하여 어려움을 극복하기 위해 노력해야 한다는 뜻입니다."

세 학생은 씩씩하게 대답해 놓고도 희순의 눈치를 살폈다. 언제나 큰 목소리로 학생들에게 힘을 불어넣던 교장 선생님이 평소와 달리 기운 없어 보였기 때문이었다.

희순이 고개를 끄덕였다.

"그래, 잘 알고 있구나. 우리 노학당은 조선 사람들이 낯선 타국에 와서 온갖 고생을 하며 힘을 모아 세운 곳이란다. 아직 삼 년밖에 되지 않았지만 우리 학교가 길러 낸 독립투사가 벌써 수십 명에

달하지.”

학생들은 잠자코 희순의 다음 말을 기다렸다.

"요즘 들어 조선 학교에 대한 일제의 감시와 탄압이 점점 심해지고 있다.”

"일제가 조선 학교를 못마땅하게 여기고 사사건건 간섭한 것이 어제오늘의 일은 아니지 않습니까?”

경도의 물음에 희순은 고개를 저었다.

"예전 같은 수준이 아니다. 일본이 중국 정부에 정식으로 항의했다는 소식이 들리더니, 엊그제는 중국 관리가 최후통첩을 하고 갔다. 기어이 조선 학교를 모조리 없애 버리려는 모양이다.”

세 학생은 놀라 할 말을 잃고 말았다. 희순은 아끼는 제자들을 촉촉한 눈길로 바라보았다.

"마지막까지 우리 학교를 지키기 위해 노력하겠지만 과연 얼마나 버틸 수 있을지 장담할 수 없구나. 학교가 문을 닫게 되더라도 너희는 언제 어디서나 자랑스러운 노학당의 졸업생임을 잊지 말아다오.”

희순은 고개를 떨군 학생들을 남겨 두고 운동장으로 나왔다. 그리고는 건물에 기대어 차가운 벽돌을 가만히 손으로 쓸어 보았다.

환인현에 온 뒤, 희순은 독립투사를 길러 낼 조선 학교를 세우겠다는 꿈을 품고 자금을 모으기 위해 밤낮을 가리지 않고 뛰어다녔다. 달빛을 벗 삼아 짚신 하나에 의지해 험난한 산길을 다니면서도 힘든 줄을 몰랐다. 조선 사람은 물론 중국 사람들까지 가리지 않고 찾아다니며 입술이 부르트도록 설득해 성금을 모았다.

"우리가 중국으로 온 것은 왜놈한테 빼앗긴 나라를 되찾기 위해서입니다. 나라 없는 우리 조선 사람들을 도와주십시오. 우리는 중국 땅에서 목숨을 걸고 왜놈들과 싸울 것입니다. 그러기 위해서는 식량이 필요하고 군사 훈련을 할 수 있는 땅이 필요합니다. 중국인 여러분, 우리와 손잡고 같이 왜놈과 맞서 싸웁시다!"

그렇게 한 푼 두 푼 모아 비로소 학교를 짓기 위해 첫 삽을 뜨고 벽돌을 얹던 날의 기쁨을 희순은 결코 잊을 수 없었다. 이곳에서 학생들이 낭랑한 목소리로 책을 읽고, 힘차게 군사 훈련을 받는 것을 지켜보며 희순은 심장이 터질 듯 벅차오르고는 했다. 멀게만 보이던 조국의 독립이 그 순간만큼은 손에 잡힐 듯 성큼 다가온 것처럼 느껴졌다.

그런데 그처럼 찬란했던 기쁨과 보람이 고작 삼 년 만에 허망하게 사라지려 하고 있었다. 희순은 문득 어지럼증을 느끼며 계단에 주저앉았다.

　두 해 전, 희순이 평생 마음의 스승으로 섬기던 시아버지 외당이 세상을 떠났을 때도 희순은 마음껏 슬퍼하지 못했다. 외당이 쇠약한 몸을 이끌고 마지막 순간까지 조국의 독립만을 바라다 고향 땅을 끝내 다시 밟지 못하고 눈을 감았을 때, 희순은 하늘이 와르르 무너지는 것만 같았다. 하지만 지켜야 할 노학당과 학생들이 있었기 때문에 희순은 그냥 주저앉아 울고 있을 수 없었다. 조선의 청년들을 독립투사로 길러 내는 일에 자신을 모두 바치는 것만이 먼저 떠난 외당의 뜻을 받드는 길이라 여겼다.

　하지만 노학당이 허무하게 문을 닫게 된 지금, 희순은 갈 길을 잃어버린 심정이었다. 희순은 손끝에서 힘이 빠져나가는 것을 느끼며 기둥에 가만히 머리를 기댔다. 그때였다. 경도가 침통한 얼굴로 다가왔다.

　"교장 선생님!"

　경도는 차마 입을 떼지 못하고 무릎을 꿇은 채 울음을 터뜨렸다.

　"방금 댁에서 사람이 왔습니다. 유제원 선생님께서 그만……."

　희순은 가슴이 철렁 내려앉았다. 남편 제원이 시름시름 앓기 시작한 것은 오래전 일이었다. 고향을 떠나 타국을 떠돌며 살아온 오

년의 세월 내내, 희순의 가족은 마음 편할 날이 하루도 없었다. 낯선 곳에 뿌리를 내리고 입에 풀칠하는 것만 해도 큰 근심거리였으며, 일제 경찰의 눈을 피해 독립 자금을 모으고 뜻있는 조선 청년들을 모아 독립투사로 길러 내는 일은 늘 긴장의 연속이었다.

많은 이들이 국내외에서 독립을 위해 목숨을 던지는데도 일본은 해가 갈수록 점점 더 강해지기만 했다. 함께 독립운동하던 이들이 더러는 배신하여 일제의 밀정•이 되기도 했고, 그들의 밀고로 수많은 동지를 잃기도 했다.

그런 일을 겪으며 제원은 몸과 마음이 함께 쇠약해져 화병을 앓았다. 늘 희순에게 다정했던 남편 제원은 하루하루 죽음을 향해 빨려 들어가는 것만 같았다. 그리고 노학당마저 문을 닫게 되었다는 소식에 제원은 더 이상 버틸 힘을 잃어버리고 말았다.

희순은 깊은 슬픔의 늪에 빠졌다. 노학당의 운영 자금을 마련하기 위해 여름에는 폭풍을 뚫고 겨울에는 눈보라를 헤쳤다. 아스라이 높은 절벽을 돌면서 험준한 산골짜기를 넘어 다닐 때도 희순은 손톱만큼도 두렵지 않았다. 나라를 되찾기 위해 이미 목숨을 걸었으니 두려울 게 무엇이냐는 당당한 배포가 있었다.

• 밀정(密偵) : 남몰래 사정을 살피는 사람

하지만 외당과 제원을 연달아 떠나보내고 노학당마저 빼앗긴 지금, 희순은 방 안에 틀어박혀서도 두려움을 느꼈다. 일제가 두려운 것이 아니었다. 일생을 걸고 모든 것을 바쳐 싸웠지만 결국은 조국의 독립을 이루지 못하고 쓸쓸히 눈을 감게 될까 봐, 이 모든 노력이 헛된 것으로 남을까 봐 두려웠다. 희순은 그런 마음을 〈신세 타령〉이라는 노래를 만들어 드러냈다.

슬프고도 슬프도다 이 내 신세 슬프도다.
…
이역만리• 타국 땅에 남겨 둔 건 눈물이라.
…
어느 때나 고향 가서 옛말하고 살아 볼꼬.
…
방울방울 눈물이라 맺히나니 한이로다.

희순의 절망적인 심정에 불을 지르는 소식은 불행히도 거기서 끝난 것이 아니었다. 얼마 뒤, 노학당의 졸업생 정헌이 희순을 찾아

• 이역만리(異域萬里) : 다른 나라의 아주 먼 곳

왔다.

"교장 선생님, 항일 운동을 하다 일제 경찰에 체포된 경도가 결국 감옥에서 세상을 떠났습니다. 종수에 이어 경도까지……."

무릎 꿇고 앉은 정헌이 흐느꼈다.

"경도의 아내 최 씨는 일제 경찰들에게 쫓기다가 사첨자 지역의 절벽 위에서 뛰어내려 목숨을 끊었다고 합니다."

희순의 눈에서 뜨거운 눈물이 흘렀다. 아끼는 제자의 부고●를 듣는 것이 벌써 몇 번째인지 셀 수도 없었다. 참으로 지독한 형벌이었다. 독립투사를 길러 내겠다고 결심한 순간부터 예견한 일이기는 했지만, 빛나는 청춘을 하나씩 조국에 바칠 때마다 희순은 찢어지는 심장을 부여잡고 하늘을 우러러 통곡하지 않을 수 없었다.

'도대체 언제까지입니까. 도대체 얼마나 더 희생해야 합니까.'

사방이 온통 캄캄한 어둠 속에 둘러싸인 것만 같았다. 해가 떠도 달이 떠도 어둠은 물러나지 않았다. 오히려 더 막막하게 느껴질 뿐이었다.

희순은 어두운 방 안에 가만히 앉아 어렵고 힘든 길을 함께 걷다 먼저 떠난 이들의 얼굴을 하나씩 떠올렸다. 평생 마음의 스승이자

● 부고(訃告) : 사람의 죽음을 알림.

 정신적 버팀목으로 의지했던 외당, 언제나 다정하고 따뜻했던 남편 제원, 함께 산골짜기를 누비며 총 쏘는 훈련을 하고 의병가를 소리 높여 부르던 항골 아낙들 그리고 아끼고 사랑했던 제자들까지……. 그들의 얼굴을 하나씩 떠올리다 보니 먼저 떠난 그들이 어디선가 희순에게 말을 건네 오는 것 같았다.

 '조국의 독립이 어디쯤 있는지 알 수 없지만 우리가 가 닿지 못한 그곳까지 당신이 힘내어 걸어 주오. 당신도 가 닿지 못한다면 누군가 또 뒤를 이어 걷지 않겠소. 황소처럼 뚜벅뚜벅, 한 걸음 한 걸음 걷다 보면 언젠가는 그곳에 도달할 수 있지 않겠소. 그러니 힘을 내 주오. 당신은 당신이 갈 수 있는 곳까지만 가면 된다오.'

 희순은 창밖을 바라보았다. 휘영청 떠오른 둥근 달덩이 너머로 외당과 제원, 항골 아낙들, 경도와 그의 아내, 종수와 노학당 제자들이 환하게 웃고 있었다. 희순은 자리에서 일어섰다.

 '이대로 주저앉지 않겠다. 천 번을 넘어지면 만 번을 일어서겠다. 내 마지막 숨이 허락하는 그날까지 멈추지 않고 걸어가겠다.'

 환한 달빛이 희순을 응원하듯 밤하늘을 아름다운 금빛으로 수놓았다.

 ## 중국 땅에 울려 퍼진 대한 독립 만세

1919년, 희순의 나이도 어느덧 예순에 접어들었다. 오직 조선 독립의 날을 향해 쉬지 않고 달려오는 동안 희순의 머리카락은 하얗게 세어 버리고 얼굴과 손에는 거친 주름이 가득했다.

따스한 봄 햇살이 꽁꽁 얼어붙은 땅을 녹이기 시작한 어느 날, 맏아들 돈상이 잔뜩 흥분해서 집으로 뛰어 들어왔다.

"어머니! 조선에서 만세 운동이 일어났답니다!"

조선을 떠나온 지 어언 십여 년, 마침내 들려온 참으로 눈물겨운 소식이었다.

"일본 도쿄에서 조선 유학생들이 독립을 선언하고, 조선 방방곡

곡에서 대한 독립 만세를 외치는 소리가 들불처럼 번지고 있답니다."

조선에서 불어온 3·1 운동의 거센 바람이 희순이 있는 중국 땅까지 전해진 것이었다. 희순은 감격한 얼굴로 자리에서 벌떡 일어났다.

"우리 조선 백성들이 드디어 일어선 게로구나!"

하지만 감격도 잠시, 희순의 얼굴이 금세 어두워졌다.

"이리같이 간사한 왜놈들이 그냥 두고 볼 리 없을 텐데, 조선 땅에 또 피바람이 부는 것은 아닌지 걱정이구나."

"조선 사람들의 기세가 어찌나 대단한지 왜놈들도 놀라서 어쩔 줄 모르는 모양입니다. 왜놈들이 아무리 총칼로 위협해도 만세 열기가 식을 줄 모르고 전국으로 퍼져 나가고 있답니다."

"그래, 우리 조선 사람들이 겉으로는 양처럼 순해 보여도 마음속에는 불덩이를 품고 있지 않느냐. 불이 한번 붙으면 불길이 활활 타오르지 않고는 못 배기지."

희순이 모처럼 호탕한 목소리로 껄껄 웃었다. 돈상이 주먹을 불끈 쥐었다.

"어머니, 우리도 만세 운동에 동참해요!"

희순의 눈이 보름달만큼 커졌다.

"여기 중국에서 말이냐?"

돈상이 고개를 크게 끄덕였다. 희순은 어느덧 건장한 청년으로 자란 맏아들을 새삼스레 바라보았다. 나라를 되찾겠다는 마음 하나로 눈코 뜰 새 없이 뛰어다니느라 아이들은 늘 뒷전이었다. 하지만 돈상은 그런 어머니를 원망하기는커녕 어느새 어머니의 곁을 지키는 든든한 동지로 자라 주었다. 희순은 문득 고맙고 대견한 마음이 솟구쳤다.

"그래, 좋다. 우리도 하자꾸나. 속이 뻥 뚫리도록 대한 독립 만세를 외쳐 보자꾸나."

두 사람은 곧바로 가족과 이웃들을 모아 태극기를 그렸다. 나중에는 종이가 부족하여 옷자락을 찢어 그 위에 태극기를 그려야 했다. 희순은 밤새 그린 태극기를 모아 보따리에 짊어지고 거리로 나섰다. 그리고 보이는 사람마다 태극기를 나눠 주며 외쳤다.

"저 혼자 잘 먹고 잘 살겠다고 나라를 팔고 제 부모를 팔아넘긴 놈들은 금수나 다름없습니다! 배신자와 왜놈들을 몰아내고 하루빨리 우리 고향으로 돌아갑시다! 대한 독립 만세!"

희순은 예순의 나이가 믿기지 않을 만큼 종일 거리를 누비고 다니며 힘차게 연설했다.

"아무리 왜놈들 힘이 강성해도 우리가 뭉치면 이기지 못할 리 없습니다. 남자, 여자, 어린애, 노인 가릴 것 없이, 조선 사람, 중국 사람 나눌 것 없이 다 함께 힘을 모읍시다! 일제에 맞서 우리는 손잡고 같이 싸워야 합니다!"

희순의 간절한 웅변에 사람들이 하나둘 모여들었다.

"저는 중국에 와서 독립운동하다가 시아버지, 남편, 시동생과 동서를 모두 잃었습니다. 지금도 일제 경찰은 남아 있는 우리 가족을 잡으려고 눈에 불을 켜고 있습니다. 그래도 저는 천하에 무서운 것이 없습니다. 죽기를 각오하고 나섰기 때문입니다. 우리 민족의 원수를 갚고 우리나라를 되찾는 그날까지 목숨을 걸고 싸울 것입니다!"

거리는 어느새 한복을 입고 손에 태극기를 든 사람들로 가득 찼다. 그들은 모두 한마음으로 외쳤다.

"대한 독립 만세! 대한 독립 만세!"

목이 터져라 외치는 만세의 함성이 중국 땅에 울려 퍼졌다. 희순은 심장에 불이 붙은 듯 가슴이 뜨거워졌다. 만세를 부르면 부를수록 그동안 남의 나라에 기대어 살아가며 쌓인 서러움이 마치 눈 녹

듯 사라지는 듯했다.

"우리가 부르는 만세 소리가 조선까지 전해지도록 더 큰 소리로 외칩시다!"

"대한 독립 만세!"

하지만 불행히도 감동의 순간은 계속 이어지지 못했다.

"해산! 해산!"

"당장 해산하지 않으면 발포한다!"

중국 경찰과 군대가 출동하여 만세를 부르는 조선 사람들을 향해 총부리를 겨누었다. 일본이 중국 정부를 압박해 조선 사람들의 만세 시위를 막으려 나선 것이었다. 그래도 조선 사람들은 흩어지지 않고 계속해서 만세를 불렀다. 그러자 총성이 울리고 여기저기서 사람들이 피를 흘리며 쓰러졌다. 희순은 있는 힘을 다해 애타게 소리쳤다.

"이 어리석은 놈들아! 너희가 총부리를 겨누어야 할 상대는 우리 조선 사람들이 아니다! 빼앗긴 나라를 되찾겠다고 평화롭게 만세를 부르는 우리 조선 사람들을 향해 어찌하여 총을 쏘는 것이냐! 너희가 왜놈 편에 서면 너희도 결국 똑같이 당하게 될 것을 모른단 말이냐!"

만세를 부르다 총에 맞아 쓰러져도 조선 사람들은 만세 부르기를 멈추지 않았다. 오히려 더 많은 이들이 태극기를 들고 거리로 나섰다. 서간도에서, 북간도에서, 조선 사람들이 있는 곳이라면 어디서나 대한 독립을 부르짖는 만세 소리가 울려 퍼졌다. 교회당이나 학교 운동장에 모인 수천 명의 사람들이 태극기를 높이 흔들며 외치는 만세의 함성은 고국을 사무치게 그리워하는 조선 사람들의 애절한 마음이었다.

"대한 독립 만세! 대한 독립 만세!"

사람들은 독립 말고는 바라는 것이 없다는 듯 소리를 높였다. 태극기와 만세 함성의 물결 속에서 희순 또한 이 소리를 목 놓아 외치기 위해 지금까지 달려왔음을 절절하게 깨달았다.

"우리는 할 수 있다! 우리 조선 사람들은 해낼 수 있다!"

1919년 3월, 대한 독립 만세의 함성은 한반도에서만 울려 퍼진 것이 아니었다. 태극기를 흔들고 만세를 부르며 거리에서 느낀 기쁨과 감동은 희순의 마음을 가득 채우고 독립을 향한 열정에 다시금 불을 지펴 주었다.

그 후로 십오 년이 흐르는 동안 희순과 가족들은 무순에 조선독립단 학교를 세웠다. 그리고 항골에서부터 함께했던 의병 가족들을 하나로 모아 항일 투쟁을 이어 갔다.

  어린 나이에 조선을 떠나왔던 희순의 세 아들은 중국 땅에서 아내를 맞이하고 아버지가 되었다. 희순 또한 백발이 성성한 할머니가 되었지만 희순네 가족이 나라를 생각하는 마음은 세월이 흐를수록 더욱 단단해져 가기만 했다.

가족 부대를 이끄는 할머니

희순이 머리 위에 짐을 얹고 장에 가고 있을 때였다. 길 한복판에서 총을 멘 중국 군인들이 한 청년을 둘러싸고 을러대는 모습이 희순의 눈에 띄었다.

"너, 일본 군대에서 도망친 조선인 맞지?"

"아, 아닙니다. 저는……."

겁에 질린 청년은 뭐라 둘러대지도 못하고 진땀만 뻘뻘 흘렸다. 흙과 땀에 찌든 초라한 옷매무새를 보니 그가 여기까지 오는 동안 얼마나 모진 고생을 했는지 알 수 있었다. 게다가 청년은 중국 말도 서툰 듯했다. 희순은 가던 길을 멈추고 청년과 군인이 있는 쪽으로 서둘러 다가갔다.

"아무래도 수상한데? 부대로 끌고 가서 조사해 봐야겠어."

중국 군인들이 청년의 팔을 막무가내로 잡아끌고 가려 할 때였다. 희순이 얼른 나서며 능숙한 중국어로 말했다.

"아이고, 올 때가 지났는데 어찌 된 일인가 했더니 여기 잡혀 있었구나!"

중국 군인들이 갑자기 끼어든 희순을 위아래로 훑어보며 의아해하는 얼굴로 물었다.

"당신은 뭐야?"

"저기 산 아래 마을에 사는 할멈입지요. 우리 친척 조카가 온다고 해서 목이 빠져라 기다리고 있었는데 아무리 기다려도 오지를 않아서 큰길까지 나와 본 참입니다요."

희순은 능청을 떨며 청년을 자기 쪽으로 끌어당겼다.

"아, 근데 여기 엉뚱하게 잡혀서 이러고 있을 줄이야! 어서 집으로 가자. 식구들이 다들 기다린다."

희순이 얼렁뚱땅 청년을 데리고 가려 하자 당황한 중국 군인이 총을 들이대며 희순을 막아섰다.

"안 돼! 의심스러운 자이니 끌고 가서 조사해야 한다."

"어허, 이 아이는 내 식구라는데 왜 이러는 거요?"

총부리를 겨눈 군인들 앞이었지만 희순은 조금도 주눅 들지 않고 오히려 군인들에게 호통을 쳤다.

"군인들이 왜놈 막을 궁리나 할 것이지, 공연히 죄 없는 사람을 괴롭히면 되겠소!"

희순의 당당한 기세에 중국 군인들은 눈에 띄게 당황하더니 결국 못 이기는 척 돌아섰다. 군인들이 자리를 뜨자마자 희순은 우리말로 속삭였다.

"조선 사람이지요?"

청년은 가슴을 쓸어내리며 안도했다.

"네, 저는 일본 군부대로 끌려온 조선 사람입니다. 목숨을 걸고 탈출해서 조선 독립군을 찾아가는 길이었어요. 도와주셔서 정말 고맙습니다."

청년은 연신 허리를 숙여 인사했다.

"그런데 제가 탈출한 조선 사람인 걸 어찌 아셨어요?"

희순은 손사래를 치며 잔말 말고 따라오라는 손짓을 했다. 청년은 영문도 모르고 희순의 뒤를 주뼛주뼛 따라갔다.

희순은 곧 마을을 벗어나 산길로 접어들었다. 그런데 일흔도 훌

쩍 넘은 나이에, 머리 위에 짐까지 얹은 희순의 발걸음이 어찌나 날랜지 뒤따르는 청년이 쫓아가느라 숨을 헐떡일 지경이었다. 희순은 발에 날개라도 단 듯 험한 산길을 거침없이 나아갔다. 이십 년이 넘는 세월 동안 군자금을 모으고 동지를 찾아다니느라 발이 닳도록 산속을 누비고 다녔으니 그도 그럴 만했다.

희순은 산속으로 한참을 더 들어가더니 한쪽 구석에 쌓인 나뭇가지 더미 앞에서 걸음을 멈추었다. 나뭇가지를 걷어 내자 커다란 구덩이가 모습을 드러냈다. 그리고 놀랍게도 그 안에는 또 다른 청년 둘이 숨어 있었다. 청년들은 희순을 보자 반가운 표정을 지었다.

"할머니!"

"응, 점심은 잡쉈는가?"

"네네, 조금 전에 며느님이 다녀가셨어요."

"물이랑 뭐 부족한 것은 없는가?"

"네, 워낙 잘 챙겨 주셔서 충분합니다."

"여기 동지가 한 명 더 왔으니 쉬다가 밤이 되면 함께 떠나게. 내가 알려 준 곳으로 가면 중국에 있는 조선독립단을 찾아갈 수 있도록 도와줄 걸세."

희순은 음식을 좀 더 가져오겠다는 말을 남기고 번개같이 사라졌다. 새로 온 청년은 어안이 벙벙해서 먼저 온 청년들에게 물었다.

"대체 저분은 누구신가요?"

"이 마을에서 아주 유명한 가족 부대를 이끄는 의병장 할머니십니다."

"가족 부대요?"

먼저 온 청년들은 신이 나서 앞다투어 희순과 가족 부대에 대해 설명하기 시작했다.

"할머니부터 아들, 며느리, 손주들과 일가친척으로 이루어진 가족 부대랍니다. 을미년부터 조선에서 의병 활동을 해 온 의병 가족들이라던데요."

"이 댁 며느님이 해 주신 이야기인데요, 남을 가르치려면 먼저 나부터 실력을 갖추어야 하고 내 집안부터 솔선수범해서 실행해야 한다는 게 할머니의 뜻이랍니다. 그래서 어린애부터 노인까지 온 가족이 독립군이 된 거라고요."

"밤이 되면 이 마을에서는 총소리가 요란한데, 바로 할머니네 가족 부대가 산속에서 군사 훈련을 하는 소리라고 합니다. 저 할머니가 백발을 휘날리면서 총을 들고 산길을 뛰어다니는데 웬만한 젊은이들도 따라가기 힘들 정도라고요."

새로 온 청년은 고개를 깊이 끄덕였다.

"저분을 만나다니 저는 정말 운이 좋았네요. 일본 군대에 끌려와서 조국의 독립을 위해 목숨을 바치겠다는 각오로 도망쳤는데 하마터면 중국 군인에게 잡힐 뻔했거든요."

"우리도 마찬가지예요. 앞으로 시간이 얼마나 더 걸릴지는 알 수 없지만 조국 독립의 날까지 우리 함께합시다."

세 청년은 그 자리에서 함께 의기투합하여 굳게 맹세했다.

몇 년에 걸쳐 희순네 가족은 일본 군대로 끌려온 조선 사람들이 탈출해 독립운동 단체를 찾아갈 수 있도록 도와주었다. 먹을 것이 없어 온 가족이 굶는 지경에 처하더라도 식량을 모아 두었다가 숨겨 놓은 조선 사람들에게 아낌없이 대접했다.

그러던 어느 날, 조선독립단 단원 둘이 은밀히 희순을 찾아왔다.

"왜놈들이 눈치챈 모양입니다. 곧 집으로 들이닥칠 것 같으니 어서 빨리 몸을 피하십시오."

희순의 가족들은 급히 살림살이를 정리해 떠날 채비를 했다. 다른 가족들은 이사할 준비를 위해 먼저 집을 나서고, 희순과 친척 여자들 몇 명만 비상식량을 마련하느라 부엌에 남아 있었다. 워낙 서두르느라 그들 중 누구도 집 근처에 수상한 사람이 서성이는 것을 눈치채지 못했다.

"에구머니! 불이야! 불!"

난데없이 밖에서 들려오는 소리에 모두가 혼비백산해서 부엌을 뛰쳐나왔다. 커다란 불길이 희순의 초가집을 집어삼킬 듯 넘실대고 있었다. 그런데 집 안에서 어린애 울음소리가 희미하게 들려왔다. 희순의 손자 봉준과 손녀 영희가 잠들어 있다 빠져나오지 못하고 불길 속에 갇힌 것이었다.

"아이들! 아이들이 방에 있어요!"

누군가 외치자마자 희순은 망설일 틈도 없이 불길이 치솟는 집 안으로 뛰어 들어갔다.

"아이고, 저걸 어째!"

이웃과 친척들은 차마 불구덩이 속으로 뛰어들지 못하고 발만 동동 구를 뿐이었다. 희순은 매캐한 연기 때문에 숨이 막히고 눈을 뜨기조차 어려웠지만 필사적으로 방 안을 둘러보았다. 이미 정신을 잃었는지 어린 영희와 봉준이 바닥에 축 늘어져 있었다. 희순은 포대기에 싸인 아이들을 양팔에 한 명씩 안고서 정신없이 방을 빠져나왔다.

"세상에나, 할머니가 손주들 목숨을 구하셨네!"

다행히 영희는 가벼운 화상을 입는 데 그쳤고 봉준은 털끝 하나 다친 곳 없이 무사했다. 희순은 가슴을 쓸어내렸다. 희순이 빠져나오자마자 불에 탄 초가지붕이 잿더미가 되어 털썩 주저앉아 버렸다. 조금만 늦었다면 희순은 손주들과 함께 불길 속에 갇혔을 터였다. 이웃들이 수군거렸다.

"갑자기 왜 불이 난 거야?"

"왜놈 앞잡이 놈들 짓이 틀림없어. 천하의 나쁜 놈들 같으니."

　희순은 불에 타 버린 집을 바라보며 가슴이 미어졌다. 갑작스러운 불길에 조상의 신주를 모신 사당이며 외당이 자손들에게 남긴 글귀를 하나도 지켜 내지 못한 것이 못내 서글프고 죄스러웠다. 남의 나라에 기대어 살면서도 내 나라를 되찾겠다는 일념 하나로 가족들을 이끌고 살아온 지난 세월이 모조리 불에 타 사라져 버린 것처럼 허망한 마음마저 들었다.

　'먼저 떠난 가족들은 무사할까? 앞으로는 또 어찌 살아가야 하나. 그보다 왜놈들이 턱밑까지 쫓아오고 있는데 당장 어디로 몸을 피해야 하나…….'

　온갖 생각들이 희순의 머릿속을 어지럽게 떠다녔다.

- 신주(神主) : 죽은 사람의 이름을 써 놓은 나무패

희순은 어린 두 손주를 품에 안은 채 막막한 심정으로 넋 나간 사람처럼 서 있었다. 찬바람이 날카로운 칼날처럼 가슴속까지 파고들어 희순은 두 아이를 더욱 세게 끌어안았다. 그때 누군가 희순의 옷자락을 지긋이 잡아당겼다.

"쉿! 아무 말도 하지 말고 저희 집으로 오세요."

젊은 중국 여자였다. 낯이 익은 것 같기도 하고 아닌 것 같기도 했다. 여자는 자신의 이름을 동복영이라고 소개했다. 그러고는 머뭇거리는 희순과 친척들을 모두 이끌고 윗마을에 있는 작은 집으로 향했다.

복영은 방을 서둘러 치우고 자리를 마련해 데려온 사람들을 편히 쉬도록 해 주었다. 그러고는 부지런히 손을 놀려 움직여 푸짐한 밥상을 차려 왔다. 비록 좁쌀죽과 옥수수떡이 전부였지만 김이 피어오르는 따끈한 밥상을 마주한 희순은 눈물이 핑 돌았다.

"어서 드세요."

복영의 다정한 말에 희순은 목이 메었다. 희순이 복영에게 걱정스러운 얼굴로 물었다.

"그런데 나를 아시오? 어쩜 이리 친절하시오? 왜놈들에게 들키면 무사하지 못할 텐데."

복영이 환하게 미소 지었다.

"할머니가 우리 마을 사람들에게 벼농사 짓는 걸 가르쳐 주셔서 저는 쌀밥을 처음 먹어 봤어요. 벼를 잡곡으로 바꿔서 돈도 벌었고요. 그 은혜를 어찌 잊겠어요."

복영은 희순의 주름진 손을 잡으며 덧붙였다.

"그리고 할머니가 우리 마을 사람들을 붙잡고 입이 닳도록 그러셨잖아요. 중국 사람들과 조선 사람들은 손잡고 힘을 합쳐야 한다고, 그래야 일본에 당하지 않는다고요."

어두웠던 희순의 마음도 복영의 환한 미소에 점차 물들어 갔다.

 붉은 해가 꽃처럼 피어오르리

1935년 7월 19일, 한여름 더위가 막 시작될 무렵이었다. 악몽에 시달리던 희순은 순간 심장이 철렁 내려앉는 느낌에 자리에서 벌떡 일어나 앉았다. 창밖을 내다보니 아직 동도 트지 않은 컴컴한 새벽이었다.

'대체 무슨 꿈이었을까.'

방금 꿈에서 깨었건만 어쩐지 희순은 꿈 내용을 조금도 기억할 수 없었다. 다만 그동안 품고 있던 아주 소중한 것, 심장처럼 뜨겁게 가슴에 박혀 있던 무언가가 단번에 와르르 몸 밖으로 빠져나가는 느낌만이 지독히도 선명할 뿐이었다.

가슴 속이 뻥 뚫린 듯한 허전함을 주체할 수 없어 희순은 다시 잠자리에 들지 못하고 나와 문밖을 서성였다. 서늘한 바람에 등줄기에 맺힌 땀이 식으며 곧 온몸이 오슬오슬해졌다. 희순은 아까부터 스멀스멀 올라오는 불길한 예감에서 도망치려 안간힘을 쓰고 있었다. 오랜 세월 동안 독립운동의 든든한 동지가 되어 주었던 맏아들 돈상이 조선독립단 학교에서 강의를 마치고 나오다가 일제 경찰 수십 명에게 잡혀 무순감옥으로 끌려간 지 어느덧 한 달 남짓이었다.

무순감옥은 무수히 많은 독립운동가를 잡아가 끔찍한 고문을 하는 것으로 악명이 높은 곳이었다. 무순감옥에서 참혹한 고문을 당하다가 목숨을 잃은 독립운동가들도 여럿이었다. 그런 곳으로 아들 돈상이 끌려간 뒤로 희순은 하루하루 살아도 사는 것 같지 않은 날을 보내고 있었다. 하지만 오늘처럼 마음이 불안하고 뒤숭숭하기는 처음이었다.

희순은 먼동이 터 오는 하늘을 바라보며 깊은숨을 토해 냈다.

"아닐 거야, 아닐 것이다. 내 아들 돈상이는 잘 견디고 있을 것이다."

희순은 고개를 크게 가로저으며 자꾸만 불길한 예감으로 치닫는 자신의 마음을 달랬다. 문득 돈상이 아직 어렸던 시절, 집으로 외당을 찾아온 일제 경찰에게 얻어맞고 발길에 걷어차이면서도 돈상이 끝끝내 입을 열지 않고 버티던 일이 떠올랐다.

"그래, 우리 돈상이는 어릴 때부터 그렇게나 심지가 굳은 아이였지."

하지만 그 대쪽 같은 성격 때문에 더욱 걱정이 되기도 했다. 왜놈들의 고문이 더 악랄해지는 것은 아닐까 하는 염려가 희순의 마음을 자꾸만 어지럽혔다.

희순이 문밖을 서성이며 마음을 가다듬으려 애쓰는 동안 어둠이 걷히기 시작했다. 떠오르는 해를 등지고 저 멀리서 누군가 빠른 걸음으로 희순의 집을 향해 다가오고 있었다. 그가 편지를 전하는 우체부라는 것을 알아차리자마자 희순의 심장이 마구 옥죄어 오기 시작했다. 우체부가 전보를 꺼내 주소를 확인하며 물었다.

"여기가 유돈상의 집입니까?"

희순은 제멋대로 떨리는 가슴을 부여잡고 간신히 고개를 끄덕였다. 우체부가 내민 전보는 무순감옥에서 온 연락이었다.

전보를 받는 즉시 무순감옥으로 와서 유돈상을 데려갈 것.

전보에 쓰인 글자를 하나씩 힘겹게 읽어 낸 희순은 다리가 휘청하여 그대로 주저앉고 말았다. 황급히 달려 나온 돈상의 아내 음채봉이 희순을 얼른 부축했다. 채봉은 전보를 보더니 그만 울음을 터뜨리고 말았다. 희순이 그런 채봉을 달랬다.

"울지 마라. 돈상이는 괜찮을 것이다. 암, 그렇고말고."

희순이 별안간 힘을 내어 허리를 꼿꼿이 펴고 일어섰다.

"당장 나설 준비를 해야겠다. 돈상이가 기다리고 있을 텐데 어서 가야지."

희순은 집에서 기다리라는 친척들의 만류를 뿌리치고 길을 나섰다. 행여나 늙은 자신 때문에 여정이 지체될까 봐 무순감옥까지 가는 먼 길을 힘들다는 내색 한 번 없이 따라갔다. 한 걸음 한 걸음을 무슨 정신으로 내딛는지도 모른 채 그저 걷고 또 걸을 뿐이었다.

감옥 문 앞에 도착한 희순은 밀려드는 불안감에 몸이 떨려 제자리에 서 있기도 힘들 지경이었다. 마침내 문이 열리고 간수들 손에 이끌려 돈상이 나왔다. 얼마나 참혹하게 고문을 당했는지 온몸은 피투성이였고, 퉁퉁 부어오른 얼굴은 알아보기가 힘들 정도였다. 두 발로 걷기는커녕 혼자 힘으로 서 있지도 못하는 아들을 희순은 얼른 품에 안았다. 돈상의 약한 숨소리는 바람 앞의 촛불처럼 금방이라도 꺼져 버릴 것 같았다.

"조금만 버티거라. 어미랑 같이 집으로 가자꾸나."

희순은 힘겹게 돈상을 부축해 걷기 시작했다. 하지만 돈상은 몇 발짝도 걷지 못하고 길에서 쓰러졌다. 그리고 희순의 품에 안긴 채 마흔둘의 나이로 세상을 떠나고 말았다. 독립운동에 일생을 바친 할아버지와 부모님을 따라 어린 나이부터 타국을 떠돌며 줄곧 조국의 독립만을 위해 달려온 삶이었다.

"돈상아, 돈상아! 눈 좀 떠 보거라. 어미랑 같이 집에 가야지."

희순은 돈상의 형편없이 상한 얼굴과 몸을 하염없이 쓰다듬으며 울었다.

희순은 지난날을 떠올렸다. 오십을 갓 넘긴 나이에 조선을 떠나 낯선 중국 땅에서 이십오 년을 살아왔다. 언젠가 빼앗긴 나라를 되찾아 고향으로 돌아갈 날만을 꿈꾸며 몸을 사리지 않고 뛰어다녔다. 그러는 동안 시아버지를 잃고, 남편을 잃고, 여러 친척과 이웃, 아끼던 제자들을 차례차례 떠나보내야 했다. 슬퍼하고 좌절하다가도 다시 일어서서 지금까지 달려온 희순이었다.

하지만 맏아들마저 왜놈들 손에 목숨을 잃고 만 지금, 그동안 희순을 떠받치고 있던 거대한 세상이 통째로 무너져 내리고 있었다.

희순을 계속 나아가게 했던 힘도 돈상이 내뱉은 마지막 숨과 함께 공기 중에 흩어져 버린 것 같았다. 희순은 한 발짝도 앞으로 뗄 수 없었다.

친척들이 함께 무순 용봉 남산에 돈상의 시신을 묻고 무덤 위에 커다란 돌을 올렸다. 유돈상의 무덤이라는 표시로 돌 위에 '유(柳)'라는 글자를 새기고 나서 희순은 그 앞에 털썩 주저앉았다.

"해방이 되면 우리 같이 항골로 돌아가자꾸나, 돈상아."

희순은 무덤 위에 올린 돌을 어루만지며 오래도록 통곡했다. 희순의 서러운 울음에 하늘도 땅도 함께 울어 주는 듯했다. 자식을 먼저 떠나보낸 희순의 마음은 말로 다 할 수 없을 만큼 슬프고 고통스러웠다. 돈상을 땅에 묻고 돌아온 뒤로 희순은 밥이 입으로 넘어가지도 않았고, 자리에 누워도 잠이 오지 않았다.

긴긴밤, 희순은 지나온 세월을 천천히 돌아보며 깊은 생각에 잠겼다.

'나는 무엇을 바라고 지금까지 한길을 걸어왔을까. 내게는 무너진 왕조를 다시 일으켜 세우고 빼앗긴 나라를 되찾는 것이 무엇보다도 중요한 삶의 목표였다. 조국의 독립은 일생을 바쳐 이루고 싶은 나의 꿈이었다. 나는 오직 그 목표만을 향해 수십 년을 살아왔다. 세월이 더 흐르고 시대가 달라지면 목표는 또 달라질 수도 있을 것이다. 하지만 그것이 무엇이든, 옳다고 믿는 길을 한평생 흔들리지 않고 걸어온 나의 삶은 고단했지만 아름다웠다. 험난한 길을 함께 걸어 준 가족과 동지들이 곁에 있었고, 그 덕분에 지금까지 버틸 수 있었다. 이제는 모두가 떠나 버리고 내가 할 수 있는 일도 더 이상 남아 있지 않은 것 같구나.'

희순은 낮은 서안 앞에 단정히 앉아 정성껏 먹을 갈았다. 그리고 종이 위에 한 글자 한 글자씩 곧은 글씨를 써 내려가기 시작했다. 자손들에게 마지막으로 남기는 절절한 부탁이었다.

> 사람이 해야 할 일 외에는 알려고도 하지 마라. … 내 위에는 더 큰 분이 나를 보고 있으니 나만큼 아는 사람이 있을까 하고 자만해서는 아니 되느니라. … 누가 무엇을 물어보거든 잘 모르는 것을 어림짐작으로 대답하지 마라. … 아랫사람이 인사한다고 가만히 앉아서 받기만 하지 마라. 천민이라도 내 집을 찾아오면 반갑게 맞아 주고 즐겁게 보

> 내 주어라. 남의 말은 입에도 담지 마라. … 모든 일은 자신이 판단하여 흐르는 시대를 따라 옳은 도리가 무엇인가를 생각하여 살아가길 바란다.
> 나라를 사랑하고 부모에게 효도하는 마음만큼은 잊지 말아 다오.

 희순은 붓을 내려놓았다. 수십 년 동안 매달려 온 일을 비로소 끝마친 듯 가슴 속이 후련했다. 창밖을 가만히 바라보니 어둠을 뚫고 붉은 해가 커다란 꽃처럼 피어오르고 있었다.

그때 그 사건

  #항일_의병_운동 #삼일_운동

　1895년 일본 사람이 조선 궁궐에서 조선의 왕비를 해친 을미사변 이후 최초의 항일 의병인 을미의병이 일어났고, 1905년 일본이 대한 제국의 외교권을 빼앗으려고 하자 을사의병이 일어났어요. 1907년 6월, 고종은 네덜란드 헤이그에서 개최된 만국 평화 회의에 몰래 특사를 보내서 조선에 쳐들어오려는 일본의 만행을 폭로하려고 했지요. 그러나 특사는 참석을 거부당했고, 일본은 고종이 헤이그에 특사를 보냈다는 사실을 알게 되었어요.

　이에 일본은 고종을 강제로 퇴위시키고 군대를 해산했어요. 사실상 일본이 대한 제국을 식민지로 만드는 과정이었지요. 군대가 해산하자 군인들은 각지에서 의병에 합류해 정미의병이 일어났어요. 이후 일본이 의병을 막으려고 일으킨 남한 대토벌 작전 때문에 의병 활동은 잠시 주춤하기도 했지만, 1910년 일제 강점기가 시작된 이후 독립운동으로까지 이어졌어요.

제1차 세계 대전이 끝나 가던 1918년 1월, 미국의 윌슨 대통령은 민족 자결주의를 제안했어요. 민족 자결주의란 민족의 문제는 그 민족 스스로 결정해야 하며, 이 권리는 다른 민족의 간섭을 받을 수 없다는 원칙이었지요. 윌슨의 주장 덕분에 전쟁으로 식민 지배를 받던 여러 나라가 희망을 가지게 되었어요. 해외에 있던 우리나라의 독립운동가들도 민족 자결주의를 근거로 조선의 독립을 외쳤고, 국내에서도 독립운동의 움직임이 일어났지요.

그러던 1919년 1월 18일, 고종이 갑자기 세상을 떠나자 일제가 고종을 독살했다는 소문이 돌았어요. 슬픔과 분노 속에 1919년 3월 1일, 3·1 운동이 일어났지요. 대한 독립 만세를 외치는 소리는 고종의 장례 이후 빠르게 퍼져 나갔어요. 조선뿐만 아니라 만주, 연해주, 미국, 일본 등에서도 만세 시위가 이어졌지요. 3·1 운동은 일본에 맞서 일어난 최대 규모의 비폭력 시위였어요.

인물 키워드

🔍　　　　　　　　　　#의병장 #독립운동가

　　1876년, 유제원과 결혼한 윤희순은 평범한 조선 여인으로 살고 있었어요. 그러던 1895년 10월, 일본인 무리가 조선 궁궐에서 중전을 해친 사건인 을미사변이 일어났어요. 게다가 얼마 후 상투머리를 없애고 강제로 머리를 짧게 깎도록 하는 단발령이 시행되었지요. 사람들은 분노했고, 유생들이 앞장서며 을미의병이 일어났어요. 윤희순의 시아버지 유홍석과 남편 유제원도 의병대를 만들어 봉기에 나섰지요.
　　윤희순도 의병이 되고 싶었지만 아이를 돌보고 집안 살림을 맡아야 했기에 의병에 나설 수 없었어요. 대신 〈안사람 의병가〉, 〈의병 군가〉, 〈병정가〉 등 한글 의병가를 짓고, 〈왜놈 대장 보거라〉, 〈왜놈 앞잡이들아〉, 〈오랑캐들아 경고한다〉 등 격문을 쓰며 의병들의 사기를 북돋아 주었지요. 다른 사람들은 일본이 해코지할까 봐, 여자가 괜히 나선다는 소리를 들을까 봐 주저했지만 윤희순은 의병대도 보살폈어요.
　　1907년, 조선 군대 강제 해산과 함께 일본은 조선을 더욱 압박했어요. 이에 맞서 정미의병이 일어나자 윤희순도 본격적으로 항일 투쟁에 나섰지요. 윤희순은 나라를 생각하는 데 남녀의 구별이 없다며 여성들을 모아 안사람 의병대

를 만들었어요. 안사람 의병대는 군자금을 모아 탄약을 만들고 의병들에게 정보와 보급품을 전달했어요. 또한 직접 군사 훈련을 하기도 했지요.

 하지만 의병들의 노력에도 불구하고 1910년, 조선은 완전히 일본의 식민지가 되었어요. 윤희순과 가족들은 항일 운동을 계속하기 위해 1911년 만주로 갔지요. 윤희순은 농사를 지어 식량과 군자금을 마련하고 일제의 감시 속에서도 훈련을 멈추지 않았어요. 독립운동 단체에 군자금을 전달하고 노학당이라는 학교를 지어 독립운동가를 키웠지요.

 1913년 유홍석이, 1915년 유제원이 세상을 떠난 후에도 윤희순은 세 아들과 함께 독립운동을 이어 나갔어요. 맏아들 유돈상이 조선독립단을 만들자 윤희순도 함께 조선독립단 가족 부대, 조선독립단 학교를 만들었어요. 그러던 1935년, 유돈상이 감옥에서 모진 고문을 받고 나와 세상을 떠나고 말았어요. 크게 절망한 윤희순은 후손들에게 할 말을 남기고 자신의 삶을 정리한 뒤 얼마 후 세상을 떠났지요.

 끝내 대한의 독립을 보지 못하고 세상을 떠난 윤희순은 1994년, 우리나라로 돌아와 독립운동에 목숨을 바친 가족들과 함께 묻혔어요.

남자현도 일제 강점기의 무장 여성 독립운동가였어요. 1872년, 경상북도 안동에서 태어난 남자현은 높은 벼슬을 지냈던 아버지 남정한에게 공부를 배우고 책도 많이 읽으며 자랐어요. 1891년, 열아홉 살이 된 남자현은 영양에 사는 김영주와 혼인을 했지요.

하지만 일본이 조선에 쳐들어오고 갈수록 악랄해지자 남자현의 남편도 의병에 나섰어요. 그리고 남자현이 스물다섯이 되던 해, 남편이 전투 중 세상을 떠났다는 소식을 들었지요. 남자현은 슬펐지만 삼대독자 아들을 키우고 시부모님을 챙겨야 했기 때문에 누에를 키워 돈을 벌고 살림을 꾸렸어요.

그러던 1919년, 3·1 운동이 일어나자 남자현은 자신도 독립운동을 하기로 마음먹었어요. 그리고 마흔여덟 살에 아들과 함께 만주로 향했지요. 남자현은 독립군 부대인 서로군정서에 가입해서 유일한 여성 대원이 되었어요.

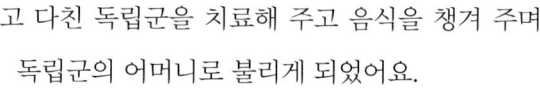

남자현은 쫓기는 독립군을 자신의 집에 숨겨 주기도 했고 다친 독립군을 치료해 주고 음식을 챙겨 주며 독립군의 어머니로 불리게 되었어요.

남자현은 여자 교육회를 만들어 여성 교육에도 힘썼어요. 또 당시에는 여러 독립군 부대가 있어 한마음 한뜻으로 독립운동을 이어 가기 어려웠는데, 남자현은 그런 독립운동 단체를 찾아

다니며 힘을 모아야 한다고 외쳤지요.

후방에서 활동하던 남자현은 마침내 무장 독립 투쟁에 나섰어요. 순종의 장례식이 있던 1926년 4월, 조선 총독 사이토를 암살하려고 했지요. 하지만 송학선이라는 사람이 먼저 시도한 암살이 실패하며 일본이 바짝 경계하기 시작했고, 남자현은 목표를 이루지 못한 채 다시 만주로 돌아갔어요.

그 이후에도 남자현은 포기하지 않고 독립운동을 계속했어요. 독립운동가가 경찰에 체포되자 그들이 풀려날 수 있게 노력했고, 1932년 만주의 상황을 조사하려고 온 국제 연맹 조사단에게 우리나라의 독립을 원한다는 뜻의 '조선 독립원'이라는 글을 써서 보내기도 했지요.

1933년 2월, 만주의 일본 대사를 암살하려던 남자현은 계획이 들통나며 일본 경찰에 붙잡혔어요. 감옥에 갇혀 모진 고문을 당하면서도 보름 동안 굶으며 일본에 저항했지요. 건강이 나빠진 남자현은 결국 감옥에서 풀려났지만 예순두 살의 나이로 세상을 떠났어요. 마지막 순간, 아들에게 나중에 우리나라의 독립 축하금으로 써 달라며 중국 돈 이백 원을 건넸지요. 아들이 살아 있을 때 독립을 보지 못한다면 그다음 세대에게 꼭 넘겨 달라는 당부와 함께였어요. 그리고 이 독립 축하금은 광복 후 1946년 삼일절 기념식에 대한민국 임시 정부에 전달되었지요.

그때 그 사람들

🔍 | 일제_강점기_여성_항일_운동

조선의 개항 이후 일본은 호시탐탐 조선에 쳐들어올 기회를 엿봤어요. 조선은 의병 활동으로 맞서며 일본의 간섭에서 벗어나기 위해 노력했지만 결국 1910년부터 1945년까지 삼십오 년간 일제 강점기를 겪었지요.

정정화
대한민국 임시 정부의 독립운동 자금 모금책, 연락책으로 활동함.

1919. 2.

김마리아
일본 도쿄에서 2·8 독립 선언에 참여함.

1919. 3.

김락
예안(안동)에서 3·1 운동에 참여함.

1920. 1.

1920. 8.

안경신
평안남도 경찰국 청사 폭탄 투척에 참여함.

하지만 일제의 압박을 받으면서도 많은 독립운동가들이 나라 안팎에서 조선의 독립을 위해 힘썼어요. 곳곳에서 활동했던 조선의 여성 독립운동가들을 만나 보세요.

부춘화
일제에 맞서 제주도에서 해녀 항쟁을 주도함.

오광심
한국광복군 총사령부의 사무 및 선전 분야에서 활동함.

권기옥
우리나라 최초의 여성 비행사로서 한국광복군 비행대 편성과 작전 계획을 구상함.

1932. 1.   1938. 10.   1940. 9.   1945. 3.

박차정
조선의용대 부녀복무단장으로서 무장 투쟁에 참여함.

▶ 아우내독립만세운동기념공원
〈그날의 함성〉

이미지 출처
p. 134. 태극기, 크라우드픽(www.crowdpic.net)
p. 135. 아우내독립만세운동기념공원 〈그날의 함성〉, 《흙사랑 물사랑》, 2023년 3월, 한국농어촌공사(www.ekr.or.kr)

일제 강점기 최초의 여성 의병장
윤희순

초판 1쇄 찍은날 2024년 3월 22일
초판 1쇄 펴낸날 2024년 3월 29일

글 이진미 | 그림 달상
펴낸이 서경석
책임편집 김진영 | **편집** 이봄이 | **디자인** 권서영
마케팅 서기원 | **제작·관리** 서지혜, 이문영
펴낸곳 청어람주니어 | **출판등록** 2009년 4월 8일(제313-2009-68호)
본사 주소 경기도 부천시 부일로483번길 40 (14640)
주니어팀 주소 서울특별시 구로구 디지털로 272 한신IT타워 404호 (08389)
전화 02)6956-0531 | **팩스** 02)6956-0532
전자우편 juniorbook0@gmail.com
블로그 blog.naver.com/juniorbook
인스타그램 @chungeoram_junior

ISBN 979-11-86419-95-3 74810
　　　979-11-86419-86-1(세트)

ⓒ 이진미, 달상, 청어람주니어 2024

※ 이 책의 내용 일부 또는 전부를 재사용하려면 반드시 저작권자와 청어람주니어 양측의 동의를 얻어야 합니다.